Vision

一些人物，
一些視野，
一些觀點，
與一個全新的遠景！

重返危機現場

愛是行動

歐晉德——授權
陳芸英——著

從問題學生到救難英雄

◎天主教樞機主教　單國璽

一九九九年九月二十日我自高雄北上台北開會，夜宿光復南路三十二巷三十四號主教團祕書處。二十一日凌晨正在熟睡中，忽被強烈震動驚醒，原來是大地震，而且餘震不斷。不久之後，從廣播中得知震央在南投集集一帶，受災最嚴重的地方當然就是南投山區和附近的縣市。天一亮，我便請主教團祕書長和全台灣天主教醫療救濟等機構聯絡，請他們派人於當天晚上七時到主教團祕書處開會，商討聯合救災事項，同時我也邀請教廷駐華大使館代辦，於當日早上八時半一起去南投堪察災情和災民需要。高速公路還能暢行無阻，到了台中便走省道。去南投的沿途，看到一片狼藉，滿目瘡痍，許多建築受損：有些全毀，有些傾斜，有些破裂。有一所學校成了一堆廢墟，假若在白天上課時發生，則不知會有多少學生死傷！有些道路發生裂縫，有些橋樑斷裂，必須繞道，或從較淺的河床通過。我也看到許多群眾在廣場、路旁、公園等空曠的地方搭起帳棚。公路兩旁山坡嚴重滑落，較遠的山頭好像被劈成兩半，一半尚有樹木，另一半則光禿禿地露出淡紅色的泥土和砂石。車勉強開到草屯，入山的道路大都被坍塌的砂石、泥漿和樹木所阻斷。

回程經過台中市曉明女中，向校長商借該校做為臨時救災轉運站，並請校長組織救災志工，訓練他們將救濟物資分類安放和保管，也有專人和災區的神父、修女、教友們以電話或手機聯絡，看各地有急需哪些物品。車輛能到達的地方，由車輛運送，不能達到的地方，則請山區派青壯少年到定點，將救濟物資背上山去。救濟的對象，不分宗教和族群。回到台北時，天主教醫療及救濟機構的代表們已到齊等待我主持會議。我先向他們簡報所見所聞的災情及需求，首先請天主教各大醫院抽調醫師和護士去支援埔里基督教醫院，然後請各救濟機構將所有救濟品送往曉明女中統籌分發，這樣每一災區均能公平受惠。

開完會後，我非常疲倦，但因想要瞭解全台灣受災情況，便打開電視。看到的第一個畫面，是台北市副市長歐晉德從倒塌的大廈廢墟中鑽出來，看他面容雖然憔悴，但仍意志堅強地指揮消防隊向廢墟灑水，指揮挖土機在任何角落挖掘救人。他鑽進鑽出，不顧自己的安危，一心想救別人的精神，使我非常感動。以後的幾天，看救災情況的報導時，台北地區的媒體大都集中注意在倒塌最嚴重的「東星大樓」廢墟堆上，因為裡面活埋了許多來不及外逃的住户。在這裡救災的主角就是歐晉德副市長，他已好幾天、不眠不休地和時間賽跑，和恐怖的死亡爭奪生命，儘管他兩眼紅腫、面容疲憊憔悴，仍堅持到底，決不放棄可能倖存的罹難者。到了第六天的中午時刻，他先後抱出孫氏兩兄弟；他們幾乎一週沒見陽光，歐晉德副市長在起重機的吊籃中，怕他們受不了強烈日光的照射，右手環抱著身軀，左手為其遮住陽光的畫面，使許多人感動得喜極而泣。歐晉德多日不眠不休的堅持，終於有了奇蹟式的成果，他自己也不禁潸然淚下——歐晉德不顧自身安危的「救難英雄」美名，不但響遍全台灣，而且也引起國際媒體的注意和報導。

這位家喻户曉的「救難英雄」，青少年時期卻是一個叛逆成性的「問題學生」。我在書中讀到他自己的坦白承認：「我從小就貪玩鬧事，不愛讀書，經常成群結黨，到處滋事破壞，地方人士叫我『小混混』。學校只要一出事，訓導主任第一個想到我，並且十之八九是我幹的。為這個緣故，我讀過三所中學，大專聯考也只考上成功大學土木系的『夜間部』。」「夜間部」的標籤使他有些自暴自棄，白天不是睡大覺，就是在大街小巷流浪或混跡彈子房。「成功大學天主教同學會」的成員當時都是成功大學的菁英，例如「半導體之父」，現任香港科技大學的朱經武校長，即是當時的會長。他們一知道歐晉德是天主教徒，便努力和他接觸，賈彥文輔導神父對他更關懷備至。他有些自卑，不敢和這些德學兼優的菁英往來，但由於大家的友愛與關懷，又在他們當中遇到了他將來的另一半黃美基，漸漸被他們感化，成了一個肯用功、努力向上，有理想的「夜間部」學生，後來考上成功大學土木工程研究所主修大地工程，並能順利在美國榮獲台灣第一位「大地工程博士」學位，最後成為台灣工程界的龍頭。他多次演講，回憶自己的青少年時期時常說著：「是宗教信仰救了我！」

我和歐晉德相識，也是因為宗教信仰的關係。一九六三年我來台灣後的第一個工作站是彰化靜山，除了負責陶成耶穌會的初學修士之外，還兼退省院的院長。我的好友賈彥文神父是當時台南成功大學天主教同學會的輔導，寒、暑假常會帶他的學生們到靜山做靈修活動，歐晉德有時也會參與。賈神父在學期之中偶爾會邀我去台南為他的學生講些靈修生活的道理，因緣際會之下，就這樣慢慢認識了歐晉德。在他去美國進修「大地工程博士」學位之前，也曾單獨和我談過話，當時我叮嚀他：「出國留學，是為學習先進國家的科技。學成後一定要回國，不要受美國高薪的誘惑，不要楚材晉用為美國錦上添花，而要盡快返國，建設百廢待興的台灣。」

歐晉德沒有讓我失望，拿到博士學位之後，在美國實習一年，便毅然辭掉高薪，回台灣為自己的國家貢獻所長。一九七七年我在光啓社任社長時，計劃興建一座大樓，便請歐晉德設計。那時住宅區的房屋地面上高度不得超過二十公尺，地下沒有限制，於是歐博士便想一展他大地工程的特長，將十二公尺高的大攝影棚建於地下。那時向下挖兩公尺，就會冒水，地下都是泥巴，他應用「連續壁」的新技術，將地下大攝影棚塑成船型，以地上六層樓牢牢鎮壓著，這樣不但可以防震，而且至今三十多年來地下室中滴水未進。在工程進行中，國內外很多工程師及建築商前來觀摩，並拍攝了許多相片。原來那時政府已決定將台北市的鐵路地下化，這些建築師及營造商都想標得鐵路地下化的工程，故對歐晉德的設計很感興趣。歐晉德也因這項工程譽滿國內外，新加坡、印尼、馬來西亞等國的重大艱鉅工程也都紛紛請他設計。

歐晉德的一生非常戲劇化：從頑童、壞孩子、問題學生、小混混、自暴自棄的成大夜間部學生，到改頭換面的成功大學研究所主修大地工程的碩士和美國「大地工程」

博士、「中華工程顧問公司」總工程師、工程教父、國道局長、台北市副市長、九二一大地震和SARS期間的救難英雄、高鐵執行長等多彩多姿的職位。歐晉德現象應該是家長、老師、宗教家、心理學者、輔導人員、青年社和同學會等組織，尤其是所謂的「壞孩子」以及「問題學生」應該深入研究的案例。

歐晉德博士授權由陳芸英小姐所完成的一書《重返危機現場——愛是行動》，雖然重點是在描述不顧自己生命安全，以大愛堅持決不放棄任何一位生存者，從廢墟中鑽進鑽出英勇搶救的歐晉德，但是書中更值得注意的是他鮮為人知的內心實錄，這堪作「浪子回頭金不換」的經典範例。

聯合報系寶瓶文化朱亞君總編輯深知我和歐博士的友誼關係，要我為這一本書寫一篇序，我也非常樂意為這位忘年之交的朋友略盡綿薄之力。

單國璽 序於高雄靜居
二〇〇七年十一月十八日

有心就有力

◎台大哲學系教授 林火旺

「有愛心，就有行動；愛得深刻，行動就完整」，這是歐晉德先生在東星大樓救災期間和救災人員分享的心得。愛心，使歐晉德永不放棄最後希望，孫氏兄弟才能在東星大樓倒塌後的第六天，奇蹟式的獲救；愛心，使救災人員在瓦礫堆中耗盡心力尋找一份遺囑，只為了讓生者得到心靈的慰藉；愛心，支撐台北市前消防局局長張博卿，整整十天沒有離開過救災現場；愛心，也讓張博卿這位以救人為職務的局長，清明節回嘉義掃墓成為他一年之中惟一的休假日。

這本書描述的是令人感動的故事，這些故事的主角，不只是負責救災的指揮官，還包括一些鮮為人知的小人物，他們在一場災難中，讓我們看到人性的光輝和希望。這使我聯想到卡謬小說《瘟疫》中的小公務員格蘭，在死神隨時可能點名的瘟疫侵襲中，從事一些微不足道的事務，協助救援工作，但是他的認真負責、盡心盡力、無懼生死的精神，令人動容。

對政客，災難事件的死亡統計，只是一份冰冷的數字；但是對視民如傷的政治家，每一個數字代表的都是珍貴的生命，以及家庭的悲劇。俗話說：「人在公門好修行」，政治人物比一般人有更多機會決定他人的命運，所以古人要求從政者應該有「如臨深淵、如履薄冰」的態度，就是這個道理，因為政治人物一個小小的疏失，可能就是人民大大的折磨和損失。

歐晉德先生擔任台北市副市長期間，我對他的認識和大家一樣，都是從媒體報導中拼湊出來的，惟一的差別是：我比一般人多了幾次和他一起開會的機會。從東星大樓和SARS這兩個事件，媒體塑造出來的歐晉德，幾乎等於我所知道的全部的歐晉德。

歐晉德離開市政府以後，由於一些機緣，我們有了深入交往的機會，我對他的瞭解才變得鮮活、具體；也由於認識了真正的歐晉德，反而讓我感觸良多：這樣的人離開政治領域，實在是台灣人民的重大損失。歐晉德到高鐵任職，遭到不少物議，有人甚至從政治的角度，認為他「向綠營靠攏」。但是對歐晉德而言，國家利益永遠高於黨派，他心裡想的永遠是：只要能盡己之長為國家做事，就是全力以赴。

歐晉德是一位虔誠的天主教教徒，他不只是信仰者，也是實踐者，所以他在災難事件中所展現的堅毅、勇敢、人飢己飢的心腸，就是他生命的基調；而深入瞭解他離開市政府的原因，更讓我佩服他的淡泊名利。我們常常從媒體看到某些政治人物放言高論「絕不戀棧職位」，但是通常這種說法不是給自己找下台階，就是以退為進；真正不在乎職位而只想為社會做事的人，其實屈指可數，而歐晉德就是其中的一位。

希臘哲學家柏拉圖在《理想國》中主張，最好的政治制度是由哲學家擔任統治者，理由是哲學家具有品格和智慧，但是更重要的是：統治工作並不是哲學家的最愛，哲學家最後願意接受這個職位，完全基於對社會的一份責任。換句話說，「讓不想當官的人當官」是柏拉圖的政治洞見。而台灣大多數政治人物嘴裡說的是一套，心裡想的卻是另一套，因為他們真正關心的，並不是人民的幸福，而是自己的名利。所以我對歐晉德離開政壇最大的不滿其實是：走了一名政治家，可能多的是一名政客。

當前社會大多數人都有強烈的無力感，因為這個社會似乎是「有心者無力、有力者無心」。但是其實我們的社會到處充滿愛心，多少生活窮苦困頓的故事，經由媒體報導，立即就會從社會各個角落，湧現愛心和關懷。歐晉德救災故事所表達的，只是一個最平凡的道理：與其抱怨社會不夠美好，不如採取行動。

只要有心，就會有力。這本書見證這個道理。

唯愛爲大

◎台大外文系教授 歐茵西

這四字取自王鼎鈞先生一篇文章的題目（當然，它亦本是人類共通的語言，世間永恆的真理）。受邀寫此小序，閱本書初稿，鼎公智言縈繞我心，久久不去。他強調大愛，相信人生的意義在於「關心別人，使自己受過的苦，別人不必再受」。芸英小姐的書寫雖從歐晉德切入，我看到尹衍樑、朱京池、吳康文、何鈴鐺、林木宏、林陵三、金溥聰、邱淑緹、孫大明、馬英九、莊武雄、張博卿、張榮珍、張珩、陳威仁、陳飛龍、陳崇岳、陳皎眉、陳羿良、陳貴昇、曹壽民、彭雪芬、葉金川、潘俊榮、璩大成、魏正元、羅俊昇等人，與義工志工們的智慧、勇敢和奉獻，及匿名企業家、大潤發、南僑化工、君悅、新光等業界的慷慨支援，感動良深。書中回溯的事件：九二一震災、SARS、山坡地聚落整建、納莉颱風、乾旱、水庫用水等等，都首需專業知識、豐富經驗和統馭能力，才能有效領攝全局，但誠如作者所言：「態度是處理任何事情最重要的關鍵。」人們肯定並尊敬以上諸君及許許多多的幕後英雄，乃因他們的德行，無關名位權力。在當前芸芸紛擾的社會裡，他們真誠的奉獻重燃我們對善的信心。

與世界各地曾經發生，或僅近年發生的數起大災難相比，本書記錄的危機容或規模較小，克服挑戰的要務卻無二致。面對猝不及防的災難，多數人驚慌失措，積極有效的救災必須仰賴專業知識及迅速的行動。例如台北東星大樓倒塌，爸媽在電視上看晉德與市政府團隊進行搶救和調度，知道他一有工程經驗，二有愛心熱忱，實是放心的。幾天後，他返家洗澡，上樓看父母，提及調建築結構圖、關閉瓦斯、灌水、敲開冷氣機、一再爬進屋內、背負傷者出來，邊說邊嘆氣拭淚。很久以後，仍會因為當時沒能救出更多的人而傷感難過。他也不斷談到市政府的好伙伴，稱讚他們冷靜堅定、搶先負責、行動一致，是一支令人驕傲的團隊。這支團隊有一位可敬的領導者——市長馬英九。馬市長誠懇正直，細膩周到，行事積極，能信賴部屬，充分授權。我相信，與馬英九共事，是晉德非常幸運而且珍貴的經驗。

晉德少小時候就朋友多，人緣好，常見他騎上腳踏車，咻一下大半天不見人影，因此讀書不甚用心，曾是家裡功課較差的一個。但在風氣單純的台東，其實也行不出什麼特別的「壞事」。回想當年，母親頂多笑笑：「調皮啦！」事實上他一向聰穎、善良、體恤別人。全家領洗成為天主教友後，信仰對他產生愈來愈清楚的影響，他將這影響充分實踐在工作中，在生活上。如今我們手足六人中他涵養最好，總能以正面的思考、溫和的態度處理事情。對家人細心周到，對父母從無慍色。父親去世後，他一直是媽媽貼心的好兒子，也是常與孫子比劃拳腳，帶孫女遊戲的好爺爺。

邱吉爾說：「勇氣是人性最珍貴的特質。」此「勇」當然非指逞強逞能，它出自寬宏的心靈，高尚的道德情操。在競相爭逐權勢財富，猜忌、仇恨的社會裡，有人因沉重的責任感，深刻的人文精神，真誠的仁慈，有守有為，無畏無懼。《聖經・若望》一書記載：「看見弟兄有需要，卻向他塞住慈悲的心，神的愛怎能住在他裡面？孩子們，我們相愛，不要只在言語和舌頭上，要在行為上。」願以此共勉，並向所有付出愛心，誠懇奉獻的人表示敬意和感謝。

從「工程教父」到「救災英雄」

◎陳芸英

「喔伊喔伊」的救護車從屋外呼嘯而過，歐晉德本能地從椅子上跳起來，隨即撥出消防局專線；但電話剛撥通，他卻猶豫了：「唉！已經卸任了，不必那麼緊張了。」

有一次過馬路，他發現紅綠燈壞了，心想該有所行動時，是同樣的聲音再度在心裡響起……

只有他自己知道究竟「少」了什麼；不過，工程界的老戰友卻突然覺得「多」了點什麼——一場又一場的演講邀約如雪片般飛來。

他先赴中國償還一場積欠多年的演講。一入會場，現場響起如雷的掌聲，主持人伸出雙手歡迎：「Dr.Ou（歐博士），我們等你十幾年，終於等到啦！」然後，他計劃到泰國，消息傳出，工程界的學者互寫E-mail奔相走告。演說當天，一位遠從澳洲來的學者特地上前給他一個深情的擁抱：「我特地趕來，只想聽你的演說，你講什麼都好，我真的非常的懷念你啊！」

在國際工程界提起Dr.Ou，是極具聲望的專家。他曾經擔任過國際岩石力學學會的副會長、東南亞大地工程學會會長；一九九八年泰國亞洲理工學院校長出缺，還一度徵詢Dr.Ou的意見；就連幾個國際間的工程組織，Dr.Ou也曾是掌舵的「龍頭」——歐晉德在國際間的聲望遠比在國內高。

熱情的工程師，國際聲望高

卸下副市長的職務後，歐晉德來到台灣智慧卡公司擔任董事長。從原來的辦公室搬到這裡，空間少了三分之二。搬運過程中，他丟掉很多東西，唯獨一些石頭和工程圖畫，他像寶貝似的保留下來。

「這是北二高關西坪林段的一座橋，」他指著牆上一幅以瀝青為顏料的畫說，當年他在亞新工程顧問公司當企劃經理時負責設計它，後來到榮工處擔任總工程師，沒想到剛好承接這段工程的施工；接著他當上國工局局長，理所當然督導它完工，「你看，這座橋跟我的淵源有多深！」他說得深情款款，略微稀疏的白髮透露他的年紀，卻掩不住他對工程的熱情。

他回憶當時關西一段有二十八座橋梁時，其他伙伴大傷腦筋，「唉，我們做幾個樣本就好，其他的複製就行了。」他的反應卻大大不同，「我高興得大叫，哇！太棒了，這樣我們就有二十八個表演機會啦！我們可以讓每一座橋結合當地的特色形成一種特徵啊！」

雖然最後不如他所願，但他在做「頭前溪橋」時決定大膽啓用新的施工方法卻在工程界引起震撼，那叫「節塊推進工法」。作法是先做最遠一端的橋，造一吋、移一吋，然後一塊塊推出去到下一個橋墩上，最後在空中把幾千噸橋梁推到定位接起來，這需要非常精準的計算，若有一點點差錯就接不上來。

「我記得在跟高速公路局討論這個點子時，有人質疑：『那麼遠，怎麼能對準？更何況這座橋跨建在高速公路上，下面還有車在跑耶！』負責主持的長官也不以為然，當著大家的面說：『歐博士是學院派的，但理想跟實務似乎不一樣喔。歐博士啊，你不要拿我們做實驗呀！』」但他對自己的創舉有信心，決定一試，「結果我成功了。」他說完忍不住笑了幾聲，臉上的笑容多了幾分年輕時的燦爛。

「節塊推進工法」證明可行且有效，後來大家一窩蜂跟進；工程界承認，「台灣近十多年的橋梁可以產生這麼大的變化，都是歐博士的功勞！」

書香家庭，問題孩子

歐晉德出身於書香世家，父母任教於台東女中，母親還是訓導主任，但孩提時代的他卻是個「問題孩子」。

「我從小就貪玩鬧事，不愛念書，經常成群結黨，到處搞破壞，地方上的人叫我『混混』。」他鮮少談及過往，大家總以為溫文儒雅的他一路優秀到大，對於別人的刻板印象，他笑著搖頭：「不是的，學校只要一出事，訓導主任第一個就想到我，而且十之八九就是我幹的……」

「當年的初中有『隨班附讀』制度，是讓成績差卻不到留級程度、好卻不到升級程度的學生念的——我初中三年就念『隨班附讀』，成績滿江紅。」他繼續說著過去的糗事，尷尬的呵呵兩聲。

在朋友的建議下，父親把他送到「培質院」接受管訓。那是一個專給貧窮孩子或有志當神父的人念書的地方，採嚴格集中的管理方式，家人希望透過宗教的力量改變他；但歐晉德依然故我。有一天，他跑出去玩，玩過頭，超過晚點名時間，只好爬牆回來，當他從牆上一躍而下，抬頭一看，神父剛好站在面前，他嚇得拔腿就跑，直奔宿舍，害怕得躲進蚊帳裡，連鞋子都忘了脫。後來歐晉德受不了嚴格的管教，偷偷跑回家。「我媽媽很清楚我念不出名堂，跟別人說：『這孩子啊，能念到高中畢業就很了不起了！』」

初中畢業，他連英文字母A到Z都念不完整，當然也沒考上高中，家人只好把他送到高雄念那種只要報名繳學費就可以就讀的私立學校；不過離家太遠，父母不放心，過不久就把他接回台東，「借讀」於台東中學。

那時已經開學好久了，教室的每個座位都有同學，老師只好另外搬一組桌椅給他，像是在「邊疆地帶」念書似的。上課第一天，班長就很不客氣地走到歐晉德面前「警告」他：「我們的班風現在已經很好了，你不要來破壞秩序喔！」

不過，他姊姊的功課卻非常好。高二那年暑假，大他一屆的她在大學聯考中脫穎而出，榮登政大榜首（歐茵西，現任台大外文系教授，多年來從事斯拉夫文學的翻譯和引介。迄今是台灣唯一的斯拉夫文學博士），消息傳來，老師們讚嘆之餘不禁感嘆：「奇怪！同個家庭出來的孩子，怎麼一個這麼好一個這麼糟？」

歐晉德這回意外因姊姊的高知名度使他格外受關注。後來父母的老師朋友們紛紛伸出援手，願意給歐晉德額外輔導。他記得學校教數學的柯慶祥老師是父親的好友，「我看這樣吧，乾脆讓他放學以後到我家補習，我幫你教教看！」恰巧，那年住在歐家隔壁主修物理的蔡玉書老師剛從師大畢業，也想助他一臂之力，「你有什麼不懂的，歡迎你隨時來問我喔！」

有一次蔡老師出一道習題，他的答案對了，但解題過程和別人迥異，老師語帶鼓舞的說：「嗯！有些天才可能是比較晚才被挖掘的吧！」這句話給歐晉德很大的鼓勵。接下來的月考，他的物理破天荒的考了九十分，蔡老師拿大一的物理給他解，他都得心應手：「我在兩位老師的額外指導下，數學、物理『突飛猛進』，而且有信心進軍大專聯考。」

但是那一年的考試突然冒出超出範圍的「新數學」，歐晉德的心情大受影響，最後只考上成功大學土木系「夜間部」。

夜間部的「光明」使者

「念『夜間部』是一種挫折！」他說，「每次全校集合時，訓導主任總是說：『夜間部』的，站到最後面去。」老師的口令像把刀，把學生切成優劣兩段，而被切到後半段的他很自卑，每天不是睡大頭覺就是混彈子房，感覺生活回到初中最荒唐的階段。

然而，人生的轉折無所不在。

有一天，成大「天主教同學會」向他招手，他們都是學校的菁英，品行、學業頂呱呱，而且關心社會脈動，希望他參加教會活動，包括望彌撒和禱告。但歐晉德覺得自己不如他們，頻頻推說：「我不能參加，因為晚上要上課！」但學長們（包括「半導體之父」、現為香港科技大學校長朱經武教授）不放棄，耐心的在夜間部等候，「最後，是宗教拯救了我！」他眼裡閃著光芒，彷彿在黑暗的隧道裡看到一點光。

歐晉德的大學生活開始導向正面發展。當時台灣流傳烏腳病，學長們以自製的卡片到處義賣，並將所得為患者購置病床，這讓歐晉德非常感動，他「見賢思齊」，跟著到火車站彎腰賣卡片，大家彼此鼓勵，決心一起為社會奉獻。

他的加入引起輔導神父賈彥文的關心，「晉德，天主在我們每一個生命裡都放一個任務，你要自己挖掘出來；你不要以為自己是糊裡糊塗考上這裡，一定是有原因的。」神父引導他思考，「你想想看，為什麼人家念四年大學你要念五年（夜間部）？為什麼你是念土木？天主對你是有計劃的，祂一定在你身上賦予特殊使命。」

歐晉德慢慢的有所領悟：「我為什麼念土木？因為國家建設需要基礎工程人才啊！我的個性喜歡動手，組合建設是我的專長啊！我以前功課太爛了，所以要念五年，也許多念一年的書，可以好好充實內涵吧！」

歐晉德換個角度說：「我一路走來非常幸運，以前犯錯都獲得原諒；人生迷失方向，有人把我拉回正軌；成績不好有老師特別指導……從來沒有人計較我過去的缺點。」這番體會讓他花大量時間在鑽研土木工程上，成績名列前茅。大學畢業後，歐晉德順利考上研究所，同時主修極少人注意的「大地工程」，並在神父的鼓勵下赴美進修，人生從此大轉彎。

投入工程建設，涵蓋國內國外

一九七三年，歐晉德以台灣第一位「大地工程博士」身分學成歸國。台灣是個地質很複雜的地方，「大地工程」人才短缺，而十大建設正啓動，他的專業在「中華顧問工程公司」受到極大的重視，「這是『中山高速公路』的案子，麻煩你來設計……」相關的工程，公司也安排他參與和研究。

「工程師都是往前看的。」所以規劃藍圖時，所有的過程他都會先在腦海裡排隊，通過設計、討論、模擬……整個架構成型後，才開始動工；與其說他是個腳踏實地的工程師，不如說他是個「築夢者」，因為每一項建設他都考慮到最後對人類產生的影響，甚至美好的感覺。

他最得意的作品是「第二高速公路」。當初設計時，他就希望建造一條有特色的公路，與當地景觀結合，讓駕駛人開車變得很舒服，同時可欣賞沿線風光，甚至不必看告示、指標，就知道這是哪個路段。而規劃二高前，他已經參與中山高的規劃，也有多年國外工程歷練，因此輕而易舉的就把路線行經地區的景觀及自然環境融為一體，希望呈現賞心悅目的景象。

例如設計東山休息站時，「我是先看中附近一棵百年的大榕樹，才決定以它為景觀中心，讓大家在每個角度都可以欣賞它。」又如他看中清水一帶的風情，將它列為休息站，因為這裡可以遠眺台中港，也是欣賞日出日落的好地方，現在不少人視它為旅遊景點，尤其夜晚更具魅力。

除了景觀設計之外，他也有務實的成績。當時，二高的經費有限，他深入了解情況後發現，中山高三米七五的寬度不是標準數字，而三米六〇到三米六五的車道是肇事率最低的，經過通盤的考慮後，他將新竹以南的每個車道減少十公分，這麼一來工程造價立刻省下上百億經費，這就是他常對工程人員說的，「敢對基本條件挑戰」。

在這三、四十年豐富的工程經驗中，他前後參與台灣十大建設的中山高速公路、中鋼、台中港的規劃；設計與推動二高、北宜高的興建；設計桃園國際機場，並投入東南亞幾個國家如新加坡、印尼、泰國、馬來西亞等地的高速公路、機場、港灣、橋梁設計等等。然而，打響歐晉德在台灣社會高知名度的卻是他離開工程界之後。

連戰賞識，推薦給馬英九

一九九八年十二月五日，當天是馬英九第一次參選台北市市長的投票日，投完票後，連戰副總統帶領行政團隊赴中南美洲協助當地賑災，當時任職於公共工程委員會主委的歐晉德也在隨行之列。「我記得是傍晚的飛機，出訪前，我們對馬英九的選情很樂觀。」

晚上八點多，連戰接到電話，整個人站了起來：「啊，真的？恭喜啊！恭喜！」胡志強問：「是不是馬英九的電話？」連戰説：「對啊，馬英九當選啦！」大家都很高興，在機上開香檳慶祝，現場一片歡天喜地。

喝完香檳，連戰説：「英九兄是實至名歸啊，不論聲望、人品、操守都是一等一的。不過當選是一回事，英九以前是法務部部長，又在大學教書，到底比較像個學者；但管理一個都市不容易啊，最主要的是怎麼把台北建設成一個新的都會，你們有什麼好的建議可以説出來呀！」

往後的幾天，不論吃飯或坐車，只要一空下來，話題幾乎繞著馬英九打轉，連戰常常問坐在他旁邊的歐晉德：「你對台北市有什麼想法啊？」他就市容、交通、公路、捷運等等提供了一些意見。

返國前一天在洛杉磯的晚餐中，連戰突然對歐晉德説：「你既然對台北市有這麼多想法，我看你去幫他（馬英九）吧！台北市的市政內容是很廣的，超越你現在的工作，你應該去！」歐晉德一聽，愣住了！此時，旁邊的胡志強和蘇起卻敲邊鼓：「太好啦，太好啦！」

回到台北，人還沒到家，馬英九的電話就來：「歐兄，聽說你答應來我這兒，謝謝，謝謝！」隔天馬英九立刻找歐晉德談台北市政府未來的方向，兩人相談甚歡，歐晉德因此答應出任台北市副市長。

救難英雄，守護台北市

歐晉德一上任，就承擔「救災總指揮」的職務；上帝似乎看準他的能耐，也看出他這位優秀工程師對人的關懷和愛心，每一年都出一道「天然災害」考驗他的能力。

第一年是台灣近百年來規模最龐大的九二一大地震、第二年是近一百五十年來風力最強大的象神颱風、第三年是近五百年來洪水最多的納莉颱風、第四年是二十多年來罕見的旱災、第五年是全球第一次遇到的SARS……

對歐晉德來說，這五年可說是關關難過關關過，每一次考驗他都讓人印象深刻。尤其是九二一大地震，在事發第四天，當其他國家的救難團隊離開之際，他堅持「永不放棄」，不救出最後一個人永不離開現場的堅持，終於讓受困一百三十個小時的孫氏兄弟生還，「救難英雄」的形象深入民心。

然而，完成SARS任務之後，歐晉德決定辭去副市長職務。至於原因，他巧妙的引用《聖經》「光鹽」的一段話：「你要做地上的鹽，你要做世上的光，鹽若失去了味，就只能丟到地上任人踐踏，所以鹽要溶化，味道才會散發出來；光因為燃燒自己照亮別人，世界才得到光明。」

他總結這兩段話，闡釋自己的心境：「完成每個階段的服務之後，要讓別人得到好處，讓自己消失。我每一個工作的結束幾乎都印證這一點，還算得上符合《聖經》上的精神。」

過去他從事工程建設每有心得，不管多忙總會發表論文，甚至抽空演講。雖然工程和市政是兩種不同的領域，但他的工作態度是一致的，於是，他決定把過去五年多救災的決策和思維留下來，「如果能對別人有一點好處，我都覺得是有意義的。」

目錄

重返危機現場——愛是行動

第一部 一場天搖地動的考驗

九二一地震・台北

歐晉德冒著生命危險鑽進狹小細縫，勇氣令人佩服。

救援團隊為倒塌的東星大樓進行夜間救援行動。

聯合報
UNITED DAILY NEWS

中華民國八十八年九月二十七日 星期一
udnnews.com 農曆己卯年八月十

埋困130小時 北市孫家兄弟獲救

東星大樓奇蹟 孫啟光自行脫困 救災人員嚇了一跳 哥哥隨後被抬出 現場一片激動

規模6.8餘震 中部災情

7死60餘人受傷 多處搶通道路又崩斷

股市跌幅限制今起降為3.5% 二、廿一版

消防人員以強力水柱撲滅由殘存管線瓦斯引燃的火勢。

歐晉德和救災同仁一同站在吊車上指揮與判斷可能發生的情勢。

仔細觀察救援進度的歐晉德。

SARS・台北

台北市政府災害應變中心對SARS疫情所做的即時報告。

（圖左起爲當時之——台北市政府衛生局局長・邱淑媞、台北市市長・馬英九、台北市副市長・歐晉德、台北市政府新聞處處長・吳育昇）

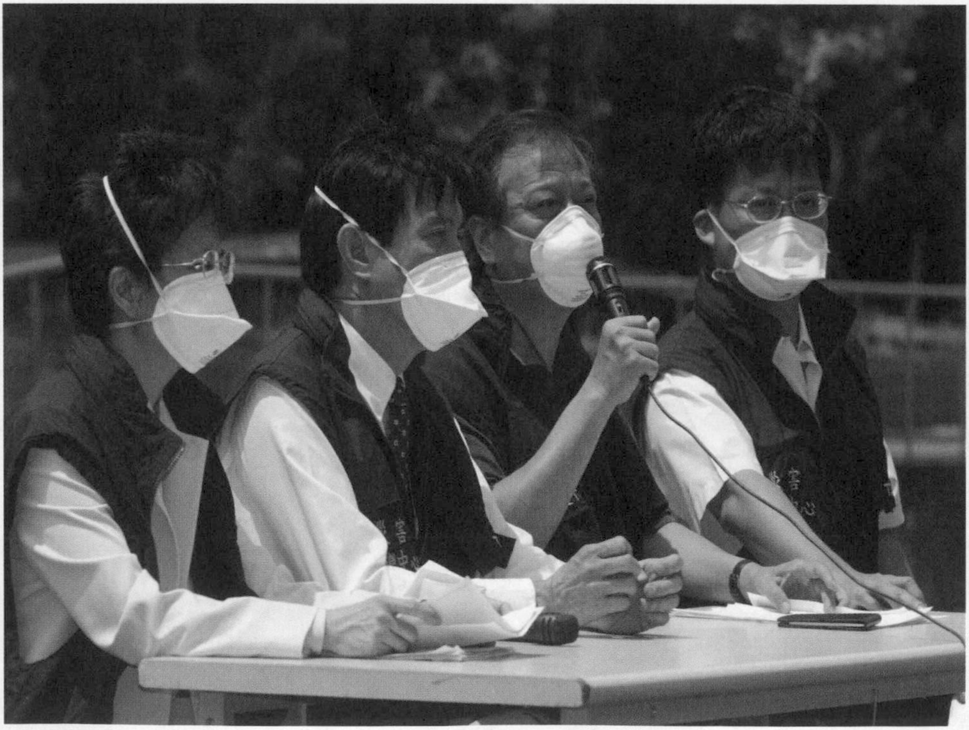

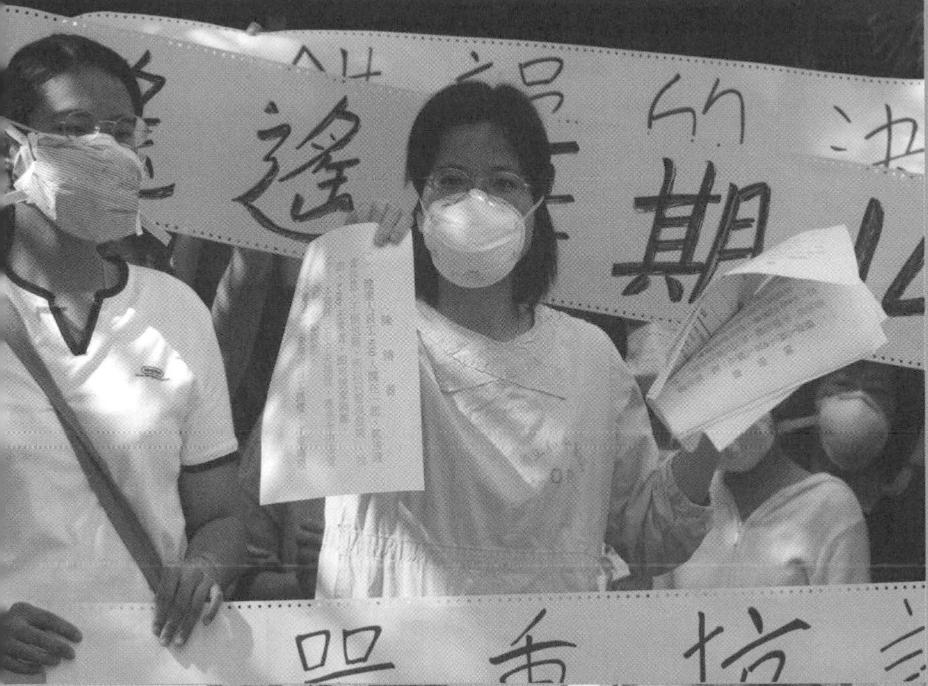

SARS期間和平醫院醫療人員的陳情。

在和平醫院側邊贈送補給品的熱心民眾。

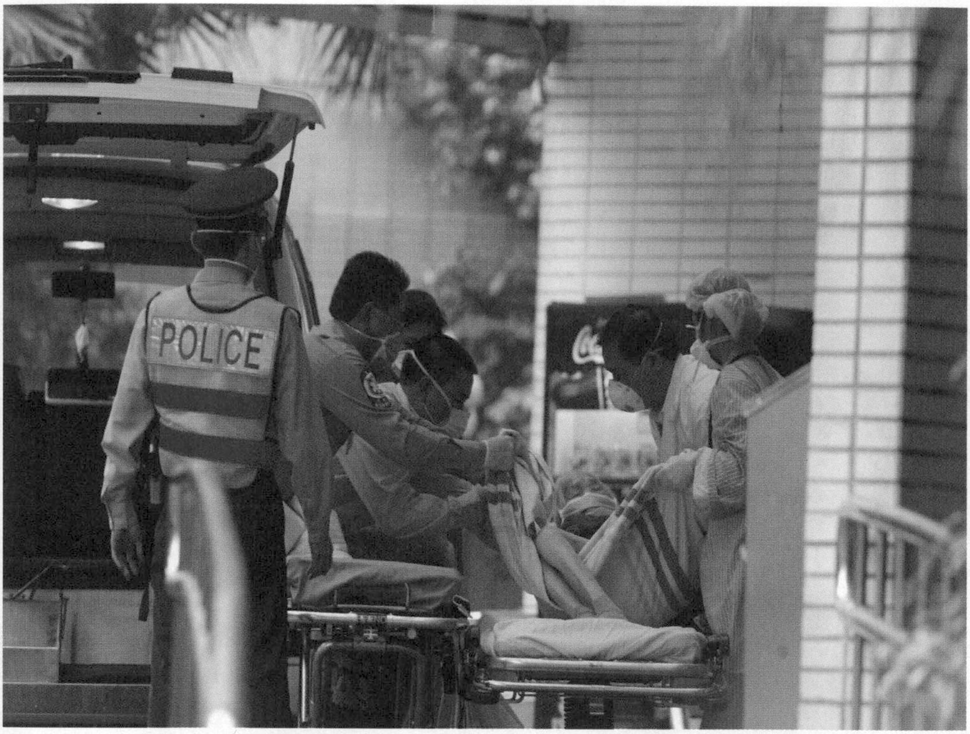

一名SARS疑似病例患者，緊急送醫治療過程。

納莉颱風．台北

納莉颱風造成台北市市中心汪洋一片，圖爲民權東路與吉林路淹水狀況。（攝影／蔡育豪）

納莉颱風水患讓市區辦公大樓許多電腦設備泡湯。（攝影／楊海光）

納莉颱風挾帶的雨量重創台北交通樞紐，此爲緊急抽水機清理台北捷運車站之直擊畫面。

第一部

一場天搖地動的考驗

這是老天爺安排的實況演習嗎？

他轉身抬頭一看，目測約有二十多人在外面招手求救，那麼還有一百多人受困。他心頭一緊，猜想這應該是台北市有史以來最大的災難……

一九九九年九月二十一日凌晨一點四十七分，地牛突然大翻身，威力十足，已經入睡的歐晉德也被強震震醒，立刻跳下床，直覺告訴他：「不對勁，出事了！」

他迅速穿衣，準備出門，他太太訝異的問：「你怎麼反應這麼快？很嚴重嗎？」他說：「這一次的情況太不尋常了。」

因為它先是左右搖晃，再來上下震動，一般建築結構設計對地震會考慮「水平抗力」，但對垂直方向的震動較欠缺抵抗能力，這種狀況讓他不寒而慄。他隨手拿起桌上馬英九送的緊急照明燈，奪門而出。

屋外的狀況並不平靜，有人從夜夢中驚醒，跑出屋外，有人手持收音機接收訊息，街道巷弄隱藏著不安的氛圍。

歐晉德到地下室開車，但車庫鐵門因沒電無法啟動，由於家離大安消防分隊很近，走路大概三分鐘吧，他就直接走過去。這時有一部消防車正要出發，他馬上跳上車，請他們先載他到市政府旁的應變中心；在車上時，則持續用手機跟市政府重要首長聯絡，包括馬市長和消防局局長張博卿。

四十年次的張博卿以前是內政部消防署的副署長，就任局長後就以辦公室為家，每天住在消防局五樓的局長寢室，以便隨時保護台北市的安全。正準備就寢前幾分鐘，猛然的地震翻倒他的衣架，接著一片漆黑，他直奔三樓「一一九勤務指揮中心」，爆滿的電話線讓他大吃一驚，他一度懷疑會不會有人謊報。一點五十分，通報台接獲東星大樓倒塌的消息，證實確有其事，他立刻下令成立「救災中心」，並在接到歐晉德的電話時告知：「虎林街的『東星大樓』垮了，裡面應該有很多人。」

歐晉德請消防車直接轉往東星大樓，沿路焦急的警笛聲，劃破台北寂靜的夜空。

抵達現場，充分了解實況，安定軍心

消防車停在虎林街平交道旁，歐晉德走下車，東星大樓已經不見了。

原東星大樓各樓層被擠壓成「千層派」般，現場滿目瘡痍，濃煙、熱氣和刺鼻的臭味彌漫，眼前密布著扭曲變形的鋼筋、磚塊、碎玻璃、破家具、鐵釘，非常混亂。

大多數的人打著赤腳、衣著凌亂、滿臉驚慌。有人爬過鐵絲翻過混凝土塊；有人奪窗而出，在瓦礫中前進；還有一些民眾焦急得尖聲喊叫。其中一位披頭散髮的婦人看到歐晉德彷彿見到救星，趨前抓住他：「拜託你啊，幫忙救人啊，拜託，拜託！」

眼前的狀況很急迫，他打開手電筒，按著婦人指示的方向鑽進夾縫，裡面的梁柱插在地上，地板變成空心，一個女孩掉在裡面，腳朝上頭朝下，滿地都是玻璃。這時倒塌的大樓仍搖搖欲墜，歐晉德小心翼翼的收腹側身，潛入只有肩膀一半寬的走道，想辦法拉那女孩，但困難重重。他先退出來想找一些協助工具，但那位婦人一看他出來更心急：「你怎麼自己走出來了，快進去救人啊！」他撿到一根棍子，再沿著瓦壁泥牆鑽進去，好不容易才從殘垣破洞中拉出兩名受困者。

然而，現場充斥著這樣茫然求助的人。

歐晉德從虎林街走向八德路了解狀況時，又被人攔住，這位年輕人拉歐晉德看著幾乎貼在地面的窗口：「我爸爸媽媽就在這裡，你一定要進去救他們。」門牌地址顯示「九樓之一」（請參考文末「採訪後記」）。

年輕人極端焦慮，歐晉德和消防人員看到側窗破一個大洞，只好鼓起勇氣貼近地面爬進去，裡面有幾條棉被，周圍全是磚塊，他用手電筒照進去看，只見鐵欄杆，什麼都沒有。他進去兩次，翻遍東西，就是找不到人。遠處有消防人員警覺歐晉德沒穿上任何救災裝備，大喊「歐副，危險哪！」，消防人員覺得這樣不行，「歐副，我看這裡交給我們，你去忙別的吧！」

的確，沒有救災裝備就進入災區犯大忌，但他當下完全沒有時間思考，唯一的信念就是「救人第一」，所有的作為都是自然反應，其他的倒忽略了。其實他們的提醒是對的，儘管當下情況特殊，但仍不能做負面示範，想到自己必須掌控全局，只好放手讓他們做。

他整理好服裝，戴上「台北市副市長」的帽子，讓大家知道現場已經有「總指揮官」坐鎮，以安定軍心。

蒐集正確資訊給總指揮官，以便統籌調度

東星大樓人聲鼎沸，松山區區長和分局長也都趕來，急著向歐晉德報告狀況：「這棟大樓地上十二層、地下兩層，戶籍有一百四十七人；三樓以下是第一銀行，沒有住人；十樓以上是賓館，平常大概有四十到五十人。」

歐晉德問：「現在有多少人送醫急救？」

「大概有十個。」

他轉身抬頭一看，目測約有二十多人在外面招手求救，那麼還有一百多人受困。他心頭一緊，猜想這應該是台北市有史以來最大的災難，於是打電話到應變中心給消防局局長張博卿，問他台北市還有沒有其他重要災情，他說沒有，歐晉德說：「市長恐怕還要留在應變中心，你可能要親自過來，而且把所有資源儘可能集中到東星大樓。」

歐晉德出身於工程界，很清楚搶救不能盲目進行，要有依據，而短時間內了解一棟大樓唯一的方法就是看它的建築結構圖，他對旁邊的同事說：「你們快把這棟大樓的建築結構圖找出來。」

在停電的三更半夜，突然要找一張二十多年前的大樓建築結構圖談何容易。然而這張圖非常重要，因為只有找到它，才能點出救災的進出口，判斷受困者所處的位置，以便迅速救災。

兩點半左右，各局處首長陸續趕到，大家各司其職，各就各位，不管是調度人力或調派機具、吊車、卡車、挖土機、消防車隊等等，都有條不紊的進行。

這個「效率」令歐晉德滿意：需要人的時候得到人，需要器具就有器具，幾乎是自然運作，這代表市政府之前的「救災演習」達到了預期的效果。

從七二九大停電預估大地震

不過，「救災演習」只是五十多天前的光景，歐晉德想來感慨：「難道，這是老天爺安排的一場實況演習？」

時間回到一個半月前的七月二十九日夜晚，歐晉德正在家裡看HBO。自從進入馬市府團隊後，每天的行程幾乎從早排到晚，那天有時間看電影，算是難得的清閒。

大概十一點一刻，正當看得精采時，突然「啪」的一聲，瞬間一片漆黑：「唉！怎麼這時候停電呢？」他嘆口氣，因為劇情即將進入高潮哩！

「我看你平常那麼累，趁機早點休息吧！」太太催他睡覺。

但他想看完結局，索性躺在沙發上，瞇著眼睛假寐，心裡則期待「來電」。

這時，TVBS的記者打電話來。

「歐副啊，現在全台大停電耶，你知道嗎？」他一聽，愣住了，其實他不知道，一直以為只是區域性停電而已，等幾分鐘電就來，但他不好意思明說，因為如果連他都不知道，整個台北市政府豈不失控？但對於記者提出的相關問題，他也無法回答，只好委婉的建議那位記者問台電。

沒多久，那位記者又打電話來：「歐副，好像不是台電的問題，聽說是核能電廠炸掉了！你們台北市會怎麼處理呢？」這下事態嚴重了。

他趕緊聯絡消防局、警察局、交通大隊，要他們嚴守崗位，尤其在十字路口更要小心指揮交通，隨後打電話給馬市長：「我現在立刻到救災中心，隨時會再向您回報。」但出門時，地下室車庫鐵門因停電無法啟動，他只好摸黑騎腳踏車出去。

此刻，謠言四起。

其中一種說法是「中國打過來了」，這傳言太離譜了，他處理危機最怕傳聞，因為不實言論的擴散會把單純的事件複雜化，甚至無端演變成另一個危機，比事件本身更可怕。而不幸的，關於停電的原因，眾說紛紜。

這麼具高度政治性的謠言逼得他非得在最短時間內釐清真相不可。後來他弄清楚了，原來是因為之前的豪雨引起山區一座高壓電塔倒塌，造成「輸配電路」出問題，才使得台灣發生罕見的大規模停電——找出癥結後，歐晉德立刻向馬英九回報，並由市政府發布新聞，安定人心。

凌晨兩點多，電終於來了，所幸是半夜，很多人已經入睡，台北市沒有重大災情。他在救災中心處理完相關事宜後，輕輕鬆鬆的騎著腳踏車回家。行經基隆路轉往信義路時，飄來陣陣香氣，原來有人在門前烤肉哩！他們趁著月光，三五成群的在烤架上翻弄醃肉，香味四溢，他心想：「嘿！這些人還真有閒情逸致呢！」

隔天一早，歐晉德直接到馬市長辦公室，馬英九則拉他坐在沙發上，稱讚他七二九優異的表現。歐晉德揮了揮手，謙虛的說：「我做得並不好，而且我有很深的憂慮！」因為從停電到出門，足足半個小時，他都處於被動狀態，一點資訊都沒有，另一方面也自責，怪自己應變能力太慢——為什麼沒在記者打第一通電話，就想到可能發生的狀況？「昨天只是停電而已，萬一來個『大地震』怎麼辦？」

市政府都有定期的主管會報，他記得四月分相關主管曾帶著一份中央氣象局的預測簡報到會中討論。那份資料顯示，台灣已經很久沒有發生「大地震」，地震帶蓄積的能量驚人，未來即將進入「地震密集期」。由於有日本阪神大地震六千多人死亡的慘痛教訓，台北市應該也要有國際都市的防震能力，如果真的遇到災難才有萬全準備──他當時就聯想到這一點。於是在場的消防局局長張博卿建議馬英九，應針對台北市的天然災害進行「演習」。馬英九聽取他的意見後，決定在五月五日及六日兩天舉辦全台有史以來規模最大的防災演習，題目是：「假設台北市遇到『七級地震』，造成市區電力、電信、自來水中斷、瓦斯外洩、山崩、捷運出軌、房屋倒塌、橋梁斷裂、高樓失火及車禍不斷等嚴重災害時，台北市政府該如何應變？」

五月做綜合演習，著重地震預防

他記得當時台北市政府聯繫消防、交通、警察、工務、衛生等單位和國軍部隊、電力、水庫、電信、瓦斯等三十七個局處及兩千多名人力參與演習，地點選在台北市地層最脆弱（因多沙土）的信義區進行。

演習分成兩大階段，首先是以電視牆展現災害處理中心從成立、救災到善後的標準流程，第二階段則是災害搶救的綜合演習。

狀況一開始，由一群國小師生擔綱演出，只聽到音響播出地震的轟隆巨響，上課中的師生躲在桌椅下或逃到室外，接著由消防、醫務人員和空中警察隊演習因地震、車禍及房屋倒塌的傷患救助，還教導民眾用緩降機逃出火場，過程相當逼真精采。

為了讓台北市市民對於救災有深刻的印象，當時好幾家電視台還做SNG連線，不但馬英九市長親自坐鎮，媒體也大幅報導，希望市民遇到大地震時，能得到最完善的資訊及全面的救助。

「按理說，事隔兩個多月，整個救災系統應該立刻動員才對。但是，沒有。這表示五月初的『綜合演習』效果有限，有待檢討，這就是我憂慮的地方。」歐晉德對馬英九說：「我們是不是應該更提高警覺，否則，到時候如果真的發生大地震，勢必亂成一團。」馬英九覺得有道理，決定召集各局處首長因應。

馬英九在接下來的市政會議中，特地把這件事提出來討論，順便稱讚歐晉德在七二九大停電的深夜，「摸黑」騎腳踏車到消防局坐鎮指揮的敬業精神，當場送他一套緊急照明設備和一支手電筒，同時請消防局局長張博卿「重新」研擬「預防地震演習計畫」，會後決定九月二十七日為台北市的「防震演習日」。

但歐晉德萬萬沒料到，九月二十一日凌晨，老天爺居然提前來個「實況演習」，而馬市長送給他的手電筒剛好派上用場，市政府各局處則按當時的會議決議各就各位。一抵達現場，馬上進入戰鬥位置。

採訪後記——

當年底的耶誕夜，近百名東星大樓住戶們為了感激市政府員工的協助，同時聯絡舊鄰居的感情，特地舉辦一場感恩會，歐晉德也在受邀之列。

他們歷經殘酷的生離死別，更懂得珍惜生命，會場瀰漫著感恩和溫馨。由於大家分散各地，有的自行租屋，有的借住親朋好友家，因此一見面，隨即熱絡起來，有的互相安慰，有的加油打氣。

會中有一位老太太，脖子上套著「護頸」，也熱情的和歐晉德寒暄：「歐副市長啊，真的謝謝你啊！你真是個大好人啊！」伸手跟他握手。他心想：「這是誰？好像沒見過！」那位老太太看出他臉上的疑惑，開懷大笑：「你去我家好幾次啊！你忘啦？我就住在九樓之一啊！」歐晉德想起來了，恍然大悟：「九樓之一啊，對，對，對，我進去好幾次。老太太您命好啊，兒子這麼孝順，逼我進去兩次哩！」

「不好意思，不好意思！」她呵呵的笑了。

歐晉德問她後來是怎麼出來的？老太太說，房子一倒下來，九樓就變成一樓，窗戶破個大洞：「我就直接爬出來啦，身上只受一點輕傷而已！」她摸摸自己的脖子，在這場大災難中，這的確算輕傷了。

一張結構圖的力量

熊熊大火迅速蔓延，大樓內開始燃燒，火光映紅了黑夜，局部樓面瞬間崩塌，掀起陣陣刺鼻的煙塵，夾雜著破碎泥塊的聲響，橫掃整片區域……

凌晨兩點多，市政府各局處首長在第一時間都趕到現場，救護車、雲梯車、消防車等救援車輛，也陸續趕到。

歐晉德下令：「先救人，後救財。」消防局局長張博卿則指揮吊車和雲梯車，把在窗口揮手等待求救的人先救出來。

至於位於大樓後方的第一銀行保險庫房，歐晉德則要求封鎖，不准任何人進入。不過，沒多久，第一銀行高級主管匆匆趕到，心急如焚，希望進去看金庫狀況。對歐晉德來說，那完全不是重點，他委婉的拒絕：「現在沒有任何事比救人重要，其餘的都得等救災結束後再說。」

接著他要求「切斷瓦斯管線」，同時「灑水」。

話一出口，立刻引起家屬強烈的反彈，有人毫不客氣的指責：「歐副市長，你不但沒救人，還想把裡面的人淹死啊？」口氣相當激動。

不過歐晉德不為所動，執意灑水。由於消防栓因地震遭破壞，他詢問消防人員：「附近哪裡有水？」據說忠孝東路六段的聯勤總部有個湖，他毫不猶豫，下令抽湖水，同時，消防局局長也指示其他消防人員先抽取附近大樓水箱和蓄水池水源應急。

這時，瓦斯公司的人也來了。原本歐晉德打算從大樓底層切斷天然氣的閥門，但這棟大樓的開關被壓在房子下，動彈不得，他只好要求瓦斯公司的人把松山地區的瓦斯全面切斷。

「要切掉……整個開關？」瓦斯公司的人顯得很猶豫。因為松山地區範圍很廣，如果切斷所有的瓦斯將影響幾十萬戶人家，「這……我……可能要跟上級……請示。」

歐晉德一聽，非常生氣：「人命關天哪，你還需要向上級請示什麼？我就是最高指揮官，我限你半小時之內關掉總開關，否則，我將你移送——法辦！」歐晉德提高聲調，激動的語氣嚇壞瓦斯公司的人，後來他們迅速的在附近馬路直接挖孔把瓦斯管線切斷。

阪神地震，可以攻錯

歐晉德這果斷的決定來自於阪神經驗，有其專業考量和思考背景。

他回憶一九九五年一月，日本阪神發生芮氏七點二規模的大地震，當時也在凌晨，許多人還在睡夢中，恍惚之際，碎磚裂瓦劈頭倒下，許多地區開始燃燒，有的綿延一公里長，滾滾濃煙遮蔽了半片天空。這場強度空前的大地震，將神戶一帶的鐵軌扭曲成「雲霄飛車」的波浪狀，有些建築物被燒得只剩外殼，熱鬧的商業街，猶如廢墟。不少神戶市民住進學校和公園搭建的避難所，開始一連串流離顛沛的難民生活……

「我從新聞看到這些畫面時，心裡有個疑問：這種千頭萬緒的救災工作，日本人會怎麼做？」

沒想到隔天，當時的行政院長連戰就指示政務委員黃石城落實天然災害防救架構，籌組「救災小組」，前往阪神進行實際考察，以吸取寶貴經驗。歐晉德是行政院國工局局長，也在隨行之列，「在這之前，極少有政府單位提出地震越洋取經的建議，我認為，這個決策稱得上有『遠見』。」

他們一行人在大地震過後的第五天抵達神戶，由於當地正在救災，為了不造成別人的困擾，即使交通不便，他們都自行設法解決，例如自行租車、自行攜帶飲料和食物，自給自足。

這趟行程中，歐晉德的任務在蒐集交通建設的資訊，包括電力、控水、公路、港灣、橋梁等系統；此外，他對建築物和整個維生體系很有興趣，所以也花很多時間了解日本當局如何救災、怎麼動員，包括救災器具怎麼安排、如何動用機具救房子裡的人。

他記得有一天，大夥參觀神戶市政府，副市長（他怎麼也沒想到，有一天自己也會擔任副市長，而且同樣處理大地震的救災工作）負責接待他們。他穿著一套灰色工作服，神情憔悴，看得出這場地震把他折騰得筋疲力竭，但仍盡心盡力為他們做簡報。

離開時，歐晉德注意到市政府從地下室，一直到一樓、二樓都擠滿難民，神戶一夕之間幾萬棟建築物倒塌、幾十萬人無家可歸，但整個社會依然井然有序。政府在救災地發放各種食物，大家遵守秩序，人們排隊領取救濟品，連寵物的食物都有。這些措施使受災居民的心情穩定不少。他還發現現場缺水，可是便利商店的門開著，礦泉水擺在外面，沒有人隨便拿走。

日本內部所發揮的效率，超越預期。物流系統最先恢復，一週後市內公車復駛，神戶到大阪之間的地下鐵陸續運轉。運輸命脈開始動以後，激勵市民站起來的決心，他們靠著自己的雙手重建失落的家園。

歐晉德當下很佩服，不禁自問：「這麼大的地震，如果發生在台灣該怎麼辦？我們有沒有能力像日本一樣在這麼短的時間動員這麼多資源？台灣的行政組織和社會秩序，能不能像日本有條不紊？救難工作能不能從混亂中迅速建立秩序？」畢竟台灣與日本同處環太平洋地震帶上，再加上台灣又正巧位於歐亞大陸與菲律賓海板塊的交界，原本就是地震發生機率不低的地區，一旦受到類似日本關西七級以上的地震，「我們是否承受得起？如果連一向防範地震用心最多的日本人都不能躲過這場大地震的浩劫，我們又如何能應付如此慘烈的變局呢？」

那一次的考察他還看到一項數據，就是當地死亡人數有好幾千人，其中三分之二喪於火窟；換言之，火災燒死的人數比地震震死的還多。因為房子如果倒塌，只要有維生系統，尚有生存的可能，一旦火勢竄起，就很危險。他在日本考察時就曾想過，一旦台灣發生地震，一定得用盡一切方法防止火災，也就是防止火災的速度要超過其他救災速度，才能爭取更多救人的時間。至於灑水的目的，一來降低溫度，二來讓陷入底層的存活者維繫生命。

有了阪神經驗，歐晉德很篤定自己的決策，對於家屬的反彈，除了盡量安撫，並沒有改變他的意志。

走向最前線，挖掘問題，解決問題

然而，面對慘不忍睹的災情，他的心情十分沉重。他了解身上背負的重擔，卻害怕自己處理不來。「我不斷告訴自己要鎮定，即便心裡很亂，還是要表現得鎮定，因為很多人得靠我的決策和調度度過難關。」

三點多，救災已經進行近兩個鐘頭了，結構圖還沒找到，他心裡很清楚，這不是一件容易的事。搶救行動幾乎是和時間競賽，一刻不得閒，於是他決定和消防局局長張博卿還有幾位消防人員潛入東北角的地下一樓停車場，以了解整棟大樓倒塌的實際狀況。

然而過去幾個小時餘震不斷，他進去前腦海曾閃過一個念頭：「說不定這一進去就出不來了。」但另一個聲音立刻在心底響起：「這是我該做的，天主給我機會奉獻，我應該感激。」

他們同心前進。

地下室一片漆黑，停放在裡面的機車已被燒融，車體配件如牌照、金屬都付之一炬。現場溫度很高，歐晉德額頭微微滲出汗珠，心裡卻很冷靜，他慎重的觀察裡面的結構，拿出手電筒往天花板一照，一道道白霧冒出，他問：「這是不是煙？」他們說：「不是啦，應該是上面的灰塵吧！」他說：「在這方面你們是專家，聽你們的！」大夥繼續前進。裡面的狀況很不好，什麼也看不到，上面的水一直滴下來，有兩位消防人員超越他，才走五、六步，其中一位轉過身對他說：「歐副，你是對的，是煙！」那是管線殘存的瓦斯，煙由淡轉濃，表示火正在燃燒。

他心想：「糟糕，已經有一、兩百位消防人員爬進屋裡救人了！」

他們迅速爬出地面，歐晉德當機立斷，命令所有的搜救人員先暫時「撤退」，集中灌水。

然而，當時正是救災的黃金期，很多受困者眼見就要拉住消防人員的手，卻在他一聲令下全部鬆開，有個女生大叫「叔叔……叔……叔……救我……」，聽了讓人鼻酸，但歐晉德研判當時的狀況十分危急，必須這麼處理。等待的家屬一看救災人員撤退，非常不解，大聲地罵：「你們怎麼只顧自己，不顧老百姓呢？」

歐晉德沒有多加辯駁，堅定的指揮任務，大聲喊「灌水」。

「我有一個觀念——救災不只是救人，也要保護消防人員的安全。如果當時我堅持讓他們進去救人，恐怕連消防人員都要喪命了。」但此時此刻家屬哪聽得下這些解釋？

果然，不到兩分鐘，「砰——砰——」兩聲巨響，熊熊大火迅速蔓延，大樓內開始燃燒，火光映紅了黑夜，局部樓面瞬間崩塌，掀起陣陣刺鼻的煙塵，夾雜著破碎泥塊的聲響，橫掃整片區域，可見大火已經在底下悶燒了好久，而歐晉德一行人也靠專業判斷逃離距死神最接近的地下室。

等火勢暫歇，消防人員再度回到現場，救一個算一個，而且順利的把剛剛那個求助的小女孩救出來，「這段期間沒有一人傷亡。」

建築結構圖，宛如救生圖

凌晨四點左右，建管處的同事把結構圖找來了，同時警察局的「住戶表」也編成簡圖，送到現場。他心裡非常佩服，對這些同仁的表現充滿感激，因為這些圖表對救災人員來說簡直就是「救生圖」。

歐晉德依結構圖把現場劃為東一區、東二區、東三區、西一區、西二區、南一區、南二區、北一區、北二區等九個區域，每區域設有負責的組員及區隊長；同時把結構圖縮小影印成平面和立體兩份，點出大樓的電梯位置，標示結構穩定和不穩定的地區，讓在場救災人員人手一張，希望大家提高警覺。救災人員依此圖，開始和鄰長、區長還有家屬聯絡並確定每戶人數，以便搶救。

救災現場看似混亂卻也因大家各司其職而顯得井然有序。不過歐晉德的心情絲毫輕鬆不起來，這棟大樓幾秒鐘內變成廢墟，令人唏噓。他趁機到各處巡視，邊走邊看，想了解還有哪些地方需要資源。走著走著，他突然看到一台倒塌的冷氣機。他腦海閃過一個念頭：「會不會有人就在冷氣機旁等待救援？如果有，把它拆除，不也是一個出口？」他似乎得到靈感，當場要求救災人員把所有看得到的冷氣機全部拆掉。

接著，各角落傳來「匡啷——匡啷」的聲響，沒多久，令人驚喜的畫面出現了：「我看到一個冷氣機口爬出三、四個人，我心跳加速，放眼望去，觸目所及，有四、五台冷氣機，竟救出了十幾個人；當時還是救人的黃金時段，如果晚一點做決定，他們可能生死未卜啊！」家屬看到親人獲救，有的互相擁抱，有的喜極而泣，那是他自進入災區感覺最震撼的一幕。

時間一分一秒的流逝，現場充斥著受困者「敲牆壁」的聲音，那是發自人性的救援呼喊，可能是第一聲，也可能是最後一聲，一聲又一聲地敲擊火紅悶燒的牆壁，也敲進救災人員的心坎裡。「這聲音讓我們不敢怠慢，唯恐稍晚一點，喪失的是一條寶貴的人命。」他以此激勵救災弟兄，「如果正在『敲牆壁』的是你的親人，你會是什麼心情？就用那個心情救他們。」

這些弟兄謹記在心，除了救災也投入了大量的感情。

採訪後記——

採訪期間，歐晉德多次談到那張「建築結構圖」：「沒有它，拆除工作不會那麼順利。」我很好奇，誰有這能耐在三更半夜找到二十幾年的圖？

歐晉德被這一問，愣住了。當時市政府投入救災的人很多，在那危急的救災現場根本沒時間問是誰找到的。

不過我想試著找答案，但該找誰問呢？我靈機一動，決定向「市長信箱」投石問路。信寄出去的第三天，我就收到回音（「市長信箱」還真管用），答案是「建管處的朱京池」。

我打電話給朱京池表明採訪時，他很訝異，急著解釋說：「我不是官員，只是個駕駛，找到那些圖沒什麼，只是奉命行事而已。」老實說，我一聽到他是「駕駛」也嚇了一跳；一個駕駛卻在這場大型的救災中成為重要的角色，的確令人意外。

朱京池大約五十開外，給我的第一印象就是個「老實人」。

他說，九二一凌晨，他接到建管處主管的電話，希望協助尋找資料，因為不開車時他都幫忙建檔，熟悉檔案管理。於是他立刻從新店的家騎機車到市政府位於南門市場七樓的檔案室，由於平常的檔案管理就已經分門別類，做得非常齊全，他前後花不到十分鐘就找到五、六捆關於東星大樓的建築設計和結構圖，當他交到「應變中心」給工務局的同事時，還堅持要「簽收」才行。

我聽到這兒也很佩服，連在緊急時這細節都做得這麼仔細，可見市政府平時多麼重視檔案管理。

這個例子告訴我們，整個組織架構中，每個成員都是重要分子，每個人的任務都牽連整個團隊的運作。救災好比一個大工程，一個螺絲一根釘子都疏忽不得。我敢說，東星大樓的搶救中，是「建管處」這個小螺絲釘幫我們救出很多人，這個部門雖然不在現場衝鋒陷陣，卻發揮最關鍵性的力量，功不可沒。

輕巧的怪手

其實這些怪手是有感情的，怪手操作員很細膩、很謹慎，挖下去的時候，像一隻手摸東西般溫柔……

天色已暗，東星大樓附近少了白天的喧譁，除了救災人員敲敲打打的聲音伴隨著撲撲簌簌的哭泣，經過一整天的沉澱，受災家屬的心情逐漸趨於穩定。

「指揮官，你應該回家休息了。」消防弟兄對歐晉德說。

從九二一凌晨到當下，他整整二十四小時沒闔眼，看起來身心俱疲。這時，副祕書長林陵三也趕到：「你先回家休息一下，我是特地來跟你交班的，回去吧！」歐晉德看著自己發臭的身體、破爛的褲子，心想，也好，先回去沖掉這些灰泥。

主啊，給我力量！

返家的路上，台北的街道整整齊齊，沿途的高樓大廈鱗次櫛比，夜空依舊，霓虹燈閃爍，但從東星大樓走出來，卻像到了另一個世界，頗有時序倒錯之感。

尚未走到家門口，太太就出來開門，「咦，你怎麼知道是我？」，「我一聞就知道是災區的味道！」可見那股摻雜著磚瓦、混凝土、屍臭、汗臭的味道有多麼嗆鼻！

他直奔浴室洗澡。

清洗乾淨後，躺在床上，此時此刻早已筋疲力竭，但歐晉德卻輾轉難眠。東星大樓這龐然巨大的建築物壓在心頭，聲聲的求援揮之不去：「裡面還有近百人沒救出來啊，我怎麼可以躺在這裡呢？」他的不安逐漸加重，左思右想，還有什麼辦法，可以快速又順利地把那一層一層的建築物拆下來，既可以救人，又不會壓到人？整個混凝土塊這麼大，如果用力推開，容易壓到人，如果用敲，要敲到什麼時候？

他腦海突然閃過一個念頭——有了，有一種化學藥劑，可以鑽孔打到混凝土裡，它會自動膨脹而裂開，如果裂開就很容易一層樓一層樓剝開。但這東西哪裡有呢？

他當下抓起電話，不管三更半夜，立刻撥給一個學工程的朋友。「你趕快幫我問問看，我記得好像美國還是香港有，現在美國是白天，你趕快幫我打電話，一問到，馬上空運過來。」

放下電話，他怎麼也睡不著。抓起衣服，再度出門。

回到東星大樓，時間是凌晨四點多。

現場很安靜，除了家屬的誦經聲，聽不到白天的嘈雜。

歐晉德是虔誠的天主教徒，心裡也頻頻禱告，其實從戴上「台北市政府副市長」的帽子，負責這場救災任務起，他就禱告，他的禱告詞只有簡短的一句——「主啊，給我力量！」

他知道面對這場大災難，他的能力有限，需要上帝賜予力量。

專業集合，速度加倍

天色逐漸明亮，人愈來愈多。

土方工會的理事長張榮珍也過來問他需不需要幫忙。事實上，前一天他就來了。九二一當天，他摸黑從收音機聽到東星大樓倒塌的消息，得知歐晉德在現場指揮坐鎮，「我第一個念頭就是——他應該需要我！」於是趕來協助。

張榮珍是歐晉德業界的好友，在營造業待了二、三十年，常拆建築物，算是箇中高手。他印象中的歐晉德就是那種一出事就會親自到現場的人，工程界的朋友都知道他這種風格。

以前做基礎工程時，不管是道路、隧道，一旦遇到災害他一定深入現場。當年做南迴鐵路挖隧道時出了問題，積水很深，有個工人在那兒挖了一個洞，歐晉德想知道裡面的岩石狀況，便立刻脫掉衣服穿條短褲進去，他說：「既然工人敢在洞裡，我當然也要進去。」他這種與基層弟兄站在一起的精神贏得不少友誼，所以在東星大樓，除了張榮珍，還有其他工程、土木技術人員等等，這些過去的老朋友，都自動自發來幫忙。

不過，在現場的歐晉德心裡一直掛念著那個化學藥劑，他趁機把張榮珍和林陵三拉過來，因為同樣是工程專業背景，了解他想的東西，所以就請他們一起討論他憂慮的這件事。

張榮珍認為，他所說的那個化學藥劑，不管從哪裡運來都來不及，現在應該增快救援速度才行。「怎麼沒想到用『重機械』呢？」但一般人對「重機械」搶救的概念不足，都不敢大膽動用，不過時間緊急，歐晉德認為按當前的狀況，非動用「重機械」不可了，「唯有這樣，才有希望在短時間內搶救活口。」

歐晉德決定後，張榮珍提醒他：「我是贊成啦，但你要三思喔，動用重機械雖然是目前最快速的方法，但是，如果你沒有救出一個活口，可能會遭到無情的攻擊，說你罔顧人命。」

歐晉德對他說：「老張，官可以不做，但人不能不救，只要是對的事就要去做，如果發生什麼事，我會扛責任。」張榮珍聽了很感動，決定全力支援。

為求慎重起見，歐晉德叫一部吊車把自己先吊到東星大樓的屋頂，他要仔細再看一次建築結構。下來以後跟他們說：「好，就這麼辦，現在只有用怪手一層一層的把混凝土塊『夾』起來，才能救到下面的人。」

但是，一般的怪手怎麼能伸到五、六樓高的屋頂？

「有了，『墊』出一個高度，」但要用什麼東西墊高怪手的高度呢？張榮珍說：「我叫人把土運進來，這裡的磚塊先不要運出去，這些東西足以『墊』出一個高度讓怪手『站』上去作業。」他在營造業有的是經驗和人脈，一說完馬上撥手機給同業，歐晉德也同意：「我想，這恐怕是唯一的辦法了。」

磚塊運進來了，旁邊的人議論紛紛：「這些磚塊應該是運出去才對，怎麼是運進來呢？」有的家屬覺得不可思議，當場發脾氣：「你們到底在救人還是拆違建？」也有人大聲吼叫：「你們真要動用怪手嗎？下面還有活口耶，你們不要罔顧人命啊！」憤慨的家屬甚至用非常難聽的話指著歐晉德痛罵，這些狀況都在張榮珍當初的預料之中。他以為歐晉德會改變主意，沒想到他完全不退縮，硬著頭皮跟家屬解釋：「我絕對沒有放棄任何人，相反的我是盡最快的速度救人。我保證會尊重生命，絕對小心翼翼。」他的聲音很大，像是為自己辯護，也在回應他們的質疑。

接著怪手及三十多組鑽洞機陸續進場。

他們的作法是由上而下，先拆除露出地面的九至十二樓，「因為逐步解除大樓的重量，才能讓存活者有更多的機會。」但這麼專業的事，一時之間難以說明清楚，他只好找市政府的同仁告訴家屬，他有專業考量，會小心處理，請大家安心，不要吵鬧叫罵，好讓他們專心作業。

不過，除了家屬外，連記者也搞不清楚狀況，問歐晉德是不是已經放棄了。他聽到這樣的問題非常生氣，「才第二天，黃金七十二小時都還沒到呢，怎麼可能放棄？」

歐晉德就在家屬一片謾罵聲和旁人一片質疑聲中——作戰。

謹慎小心，家屬放心

張榮珍請來同業工會的理、監事坐鎮指揮，很多工程公司的老闆也加入陣容。

進行拆除時，每個重型機械上面都坐著兩位消防隊員全程監視，分別手持望遠鏡和探照燈，觀察建築物裡有沒有人，以確保受困者的安全。每個重型機械下面也有工作人員以結構圖做紀錄和引導，負責吊救的兩名人員，則以探照燈由上面搜索，而所有的重機具操作員，都要聽命於手持探照燈的救援人員的命令，只要發現一有動靜，就得喊暫停；如果沒有人，整塊才能夾走，另一個人則判斷哪一塊比較不會掉下來，哪一塊不會夾起來馬上又垮下去，或者怪手應該從哪一塊開始夾，才能使得搜索速度不僅快，而且紮實。

操作重型機械的工作人員都是業界高手，也是拆房子的專家，他們憑著多年的工地經驗，對於碰觸一梁一柱都審慎評估，嚴密注視挖土機的每一劑動作。

一般人看怪手操作員以為就是粗工，但他們操作很細膩、很謹慎，幾乎可以夾起一張紙般「輕盈」；如果挖到軟的東西，消防人員一定過去翻一下，確定是物體才勾起來。其實這些怪手是有感情的，挖下去的時候，像一隻手摸東西般溫柔。

不過這段過程家屬看得不輕鬆。一開始，隨著刺耳的鑽洞聲，他們聽得心如刀割，掩面哭泣，後來家屬了解，他們動用怪手挖的過程，不在破壞而在救助，家屬的態度也隨著輕巧的怪手逐漸軟化，歐晉德才稍稍鬆了一口氣。

長時間的大量工作終於讓民眾有些感動了，有個市民跑來跟他說：「我覺得你表現很鎮定，救人也很順利，你辛苦了！」

歐晉德轉身指周圍的救災弟兄說：「他們才辛苦呢！」

這些救災人員，除了首長和幾個大隊長之外，其餘都是新人，歐晉德一個也不認識，但他們展現的默契和團隊精神讓歐晉德大為激賞。

原來，消防局在五月間舉行防震大演習後，局長要求消防隊員帶領新人，讓警專消防科應屆畢業生接受為期三個月的嚴格訓練，並定九月下旬為他們舉行結訓測驗；

不料九二一大地震造成東星大樓倒塌，他們就在這場大災難的搶救過程中，經歷一場刻骨銘心的實戰訓練。

也許這批新人因為突如其來的「實戰演練」，找出了消防人員代表的榮譽和勇氣。

採訪後記——

張榮珍受訪時，跟我說了一段小插曲。

東星大樓現場有很多怪手是他找來的。救災進行到第三天，消防局局長張博卿發現他們神情恍惚，提醒張榮珍：「你要注意喔，那些怪手可能要加強一下！」他在營造業多年，了解他們並不是「精神不濟」，而是「心生畏懼」，因為他們也是第一次遇到這種「大場面」。

於是張榮珍召集怪手操作員說：「你們一定害怕挖到屍體，對不對？但你們要誠心的面對這一切，就像面對自己的親人一樣。如果你們心裡有恐懼，就跟著我默唸一段，『我是給人請來這裡救災的，希望你們有靈，趕快讓我們清理出來，讓你們的親人看見，好入土為安；如果不小心傷到你們，敬請原諒。』」張榮珍拍胸脯說：「如果你們這樣唸還有問題，來找我。」

說也奇怪，從此他們不再有「精神不濟」的狀況，即使挖到屍體也面不改色，而是從容的點「一大把」拜拜用的香，讓香燻出來的味道安撫駕駛和家屬的情緒。另外，香的味道很重，放在風頭，風一吹，馬上蓋過屍臭。

這是民間習俗，後來的開挖果然很順利。

這只是其中的一件小事。當時，民間的投入豈止怪手而已，還有無數的志工和團體，有錢出錢，有力出力。我深深體會到，政府的力量有限，民間的力量無窮，如果能將政府和民間的資源整合起來，建立一套系統或一條順暢的捷徑，當危機發生時，政府和民間充分合作，就可以發揮「事半功倍」的效果了。

殘缺的中秋夜

後來救災人員真的找到一張小照片，那是他父親生前穿著「戎裝」的照片，看起來神采奕奕，但照片缺了一角……

東星大樓倒塌事件後，現場拉起封鎖線，線內與線外宛如兩個世界。

尤其線內的人焦慮、心急、憂愁，多數的人正經歷與親人永別的哀痛，在他們眼前經常出現的救災總指揮歐晉德則成了家屬們的依靠。

每天，有好多人靠近他，向他訴苦、要他救人、提供各種意見；只要是對救災有幫助的，他都願意接受，而且立即採納，「畢竟一個人的能力有限。」

採納意見，為家屬留遺物

九月二十一日早上九點多，歐晉德剛結束市政府團隊的會議，從會議場外走到東星大樓的途中，有位四十開外的男子，滿臉倦容的跑來找他。

「我家人在裡面，你可不可過去救救她？」他顯得失魂落魄，臉色跟所有求助的家屬一樣蒼白。歐晉德拍拍他的肩膀安慰他：「沒問題的，我們的目的就是幫助你們。你知不知道家人在哪個位置？」他手指堅定的指一個方向，示意歐晉德跟他走，他尾隨在後，兩人一起走到農會三樓。那裡也是一片瓦礫，鋼筋遍布，現場似乎沒有顯著的目標。他隨手抓出一張紙，立刻把現場的狀況畫出來，畫得非常逼真，並用筆明確地指出方位，讓救災人員幾乎可以「一步到位」。歐晉德請來兩位消防隊員，按照圖上的標示轉告他們：「他的家人在那裡，趕快幫忙。」

歐晉德輕拍他的肩：「那就交給他們，我去處理別的了。」那名男子微微欠身表示感激。

將近中午，那名男子再度走到歐晉德身旁，緩緩的說：「她被救出來了，但也走了。」歐音德強烈的感覺他的悲痛，也很自責，「真是抱歉，沒能救出你的家人……」他搖搖頭，沒怪歐音德，只是平靜的說：「她的身體還是溫的、軟的，醫生說只差半小時而已，如果你們能夠快一點……也許……還有機會……」說著說著眼淚奪眶而出，說完話，默默的離開。

下午五點多，這位先生又回到現場，面色凝重的對歐音德說：「她這一走，我什麼都沒有了，我跟她的記憶也一起被埋葬了。」他問這位男士還可以再幫什麼忙嗎？「你可不可以幫我找找她的遺物，給我一點值得留念的東西？」歐音德一聽到「遺物」，頓時也感到哀傷。

他突然發現，自從地震發生後，他來到現場就只顧著救人，關於受難者家屬在心靈和精神層面的事卻忽略了。在這生死瞬間，家屬面對親人的驟然過世，的確需要遺物維繫記憶。於是他請一位消防隊員爬進去看還有沒有其他東西。

過不久，消防隊員扛著一塊板子過來，原來他找到她的餐桌。餐桌的玻璃板下正黏著幾張他們的生活照，可是黏得太緊了，不容易取出來，只好連玻璃板一起拿出來，此外，消防隊員還找到她的日記。他看到遺物很激動，頻頻向他們道謝，「這已經是我最珍貴的東西了！」

他在現場待了好一陣子，離開前，特地過來跟歐晉德道別。他說身上還有幾百塊，想到附近買幾件衣服穿，試著過新生活。他們握了握手，互道珍重。他跨過馬路，對街剛好有愛心人士拿著捐款箱要大家發揮「人飢己飢，人溺己溺」的精神，他隨後把身上僅有的幾百塊也丟進去了。歐晉德看著他的背影，感覺複雜萬千。

社工人員的態度，可以感化家屬

隔天早上的例行會議中，歐晉德發給每一位救災人員一個「蒐證袋」。他說：「救人第一，但清理現場時，任何的小東西都可能是家屬最重要的遺物，即便是一張紙條、照片、衣服都要撿起來，放到『蒐證袋』，因為這可能是家屬唯一的記憶。」一天的時間內，蒐證袋撿到的東西包羅萬象，有家庭聯絡簿、結婚證書、帳單、現金、珠寶、有價證券、記事簿、存摺、小佛像、鞋子、布玩偶、獎狀、書、信……

他看到家屬們拾獲遺物時如獲至寶的表情，心裡很安慰，也趁機告訴救災人員：

「你們的努力，顯示出人性最光輝的一面。」

其實歐晉德面對東星大樓的往生者時，一開始沒想到遺物，卻考慮過在現場布置靈堂的事。

他聯絡剛上任兩個多月的社會局局長陳皎眉，請她動員社工協助家屬處理相關事宜，並緊急聯絡殯儀館。

她問他要準備多少棺木，他說「以百為單位」，她嚇了一大跳，「啊，有這麼嚴重！」歐晉德問她：「你記得名古屋空難現場嗎？他們直接在機場設立靈堂，雖然時間倉促，但布置得莊重、典雅，我要的就是那個標準。」他似乎在意這件事，至於為什麼在如此繁忙沉重的救災時刻，還叮嚀這瑣碎的事？「這不是瑣碎的事，我想竭盡所能維護往生者的尊嚴！」

社會局平常就有跟志工團體保持互動，很短的時間內，志工都到齊了。

歐晉德告訴他們，每一位家屬面對親人死亡時心裡都是悲傷的，一時之間完全無法應變，「希望你們陪伴、照顧他們，把他們的喪親之痛當一回事，讓他們情緒自然發洩，安慰他們時音調要柔和，表示了解他們的感受；如果遇到屍體發臭的情況，切記，千萬不要在家屬面前用手捂住嘴巴，那對他們是傷害。」

那幾天裡，社工人員所表現的鎮定和勇敢，超出他的想像。這些社工很多才剛踏出校門，大部分沒進過殯儀館、沒見過屍體，但從頭到尾都陪著家屬。有時受災家屬情緒不好，說出來的話很傷人，甚至對社工人員大吼大叫，但他們知道那是特殊狀況，都忍耐下來，甚至反過來安慰、鼓勵他們。

志工布置的靈堂一點都不草率，他們考慮到不同家屬的宗教信仰，分別做出佛教、基督教等追悼儀式，幾乎每個位置都有家屬和社工人員陪伴。

歐晉德巡視時特別讚許負責統籌的社會局局長陳皎眉：「我對你們的布置和擺設很滿意。」沒想到這句話卻讓她感性的落淚。

其實當歐晉德要她按「名古屋空難」的標準設置靈堂時，陳皎眉腦海一片空白：「老實說，我根本不知道『名古屋空難』是怎樣的情形，」她是個貼心又敏感的人，對待同事還有志工們都去姓氏直接以名字相稱，感覺非常親切。「但能得到歐副的肯定，是因為我父親剛過世，我的傷痛還在，我就把受災家屬靈堂布置成我父親當時的靈堂，沒想到卻意外達到長官要求的標準。」

歐晉德很安慰：「只要將心比心，把受災人民當作自己親人對待，都是最好的表現。」

老同事意外相逢，倍感唏噓

當歐晉德走到一處靈堂時，發現其中一位往生者竟是他以前國工局同事的父親。他們很久沒見了，居然在災難現場相逢，兩人都感到意外。原來他父親特地從南部趕來台北，想趁中秋節跟他們團聚，來台北的那一晚就住東星大樓的松山賓館，沒想到卻因此罹難。歐晉德輕拍他的背，要他振作。

「有需要我幫忙的請儘管說，我希望盡點力！」歐晉德緊握同事的手，氣氛感傷。

他的期望跟其他家屬一樣，「我希望你們幫我找關於父親的……生前的……任何東西……」他哽咽地幾乎說不出話來，「請節哀，這些事我們會盡全力協助。」

後來救災人員真的找到一張小照片，那是他父親生前穿著「戎裝」的照片，看起來神采奕奕，但照片缺了一角。

幾個小時後，歐晉德探望那位舊同事，看到那張「殘缺一角」的照片就放在棺木前面——那是地震後的第四天，月亮高掛天空，他永遠記得那是一個殘缺的中秋夜！

採訪後記——

歐晉德是極少數「身體力行」的公眾人物。離開市政府後，他問鳳凰志工隊：「如果我參加志工團，會不會太老了？」他們以為歐晉德開玩笑：「你不能嘴巴說說，你要先受訓才行喔！」沒想到他表明願意接受訓練，這讓志工隊士氣大振。

消防局局長也很興奮，他想，何不藉歐晉德的名號找一些企業菁英加入，再藉由他們在職場上的影響力推廣到各行各業？

歐晉德第一個想到的是捐贈重機械給消防局的潤泰企業總裁尹衍樑、摩托羅拉的台灣區總裁孫大明也願意共襄盛舉。他們一個拉一個，沒多久竟有二十多人報名，成了有史以來名氣最響亮的一班。

他們跟一般民眾一樣接受六十個小時的初級急救訓練，並且按規定值勤。

歐晉德選在每星期二晚上七點到九點到永吉分隊實習：「我運氣很好，待命的期間都是『狀況』最少的時候，有一次好不容易接到任務，結果一抵達現場，人卻不見了，原來被路人搶先一步送到醫院了。」他略帶失望的說：「我同期的同學出勤時，人還在趕路，下一個任務又來了，你看，人家『生意』多好！」似乎感嘆自己英雄無用武之地。

要鋸一條腿，還是要一條命？

「我做了一輩子的工程師，哪曾有這個權力可以決定鋸別人一條腿？如果他將來瘸了，我怎麼承擔得起？」

傍晚時分，八德路方向傳來重要訊息，要歐晉德過去做決定。

原來有一棟建築物傾倒於八德路上的一座廟旁，正面看過去形成三角夾縫，裡面傳來男孩的喊痛聲，引導救災人員全力搶救。

男孩的位置在三公尺裡面，其中一塊梁柱把他和爸爸、弟弟區隔兩邊，但現場密布著鋼筋磚塊，這「三公尺」對救災人員來說可是「非常遙遠」的距離。

「如果他將來瘸了，我怎麼承擔得起？」

歐晉德想了很多對策營救那男孩，但每一種方法都有它的缺點。然而，時間一分一秒流失，對救災人員、裡面的男孩、歐晉德本人都是巨大的壓力。現場很多關心民眾紛紛過來「獻策」，包括他工程界的朋友。

但所有問題的根源在於建築物本身的不穩定性，因為鑽地板的工具一啟動，整棟樓就搖搖欲墜。地震後的房子架構零散，牽一髮動全身，如果拿掉一根梁可能導致一堆鋼筋垮下，誰也不敢保證動這一塊不會牽連到另一塊。

事不宜遲，大家最後討論出一種方法，就是在附近找一些鋼梁，一排排頂住，好撐住一個空間鑽出通道。救災人員則清除瓦礫，瞄準最短的距離，開始動工。

鑽洞過程的確令人心驚膽戰，吱吱喀喀的鋸割聲震耳欲聾，塵土飛揚，沒人能保證建築物不會垮下來，「但我們實在想不出其他方法了，希望這一招有用。」參與其中的一位救災人員說。

為了安全起見，他們將「冒著生命危險」鑽洞的救災人員的腰間繫上繩索，萬一建築物搖動時，外面的工作人員得以用繩索將他拉出來。

他們費了九牛二虎之力，終於割穿了鋼筋瓦塊，挖出一個洞，完成一條通道。由於挖得彎彎曲曲，只容納得下一個男人身體的寬度，他們私底下稱之為「蛇洞」。

「蛇洞」完工後，一位救災人員先爬進去了解狀況，他發現那個大男孩是被一台冷氣機的鐵框卡住大腿，動彈不得，所以當務之急是想辦法先處理他的腿才能救出人。

天色已暗，眼看著房子就要垮下，救災人員對歐晉德說：「歐副，你一定要做個決定！看你是要把他的腳鋸斷，還是等著房子倒塌？」

依他的研判，那傾斜的房子不久就會倒塌。他當然知道鋸一條腿可以救回一條命；如果房子倒塌，人埋了，什麼都沒了。「我做了一輩子的工程師，哪曾有這個權力可以決定鋸別人一條腿？如果他將來瘸了，我怎麼承擔得起？」

但是，在「鋸腿」和可能被「壓死」之間他必須做抉擇。

就在這關鍵時刻，有位醫生說：「讓我進去看一下！」

決策若延遲，可能賠上一條人命

東星大樓有兩個醫療站：一個由松山醫院的國軍醫生組成，一個由市立醫院聯合組成，他們採輪班制的方式到現場服務。

然而，要不要讓醫生進去歐晉德也很掙扎。

通常他不希望醫療人員進去救災現場，因為醫生沒受過救災訓練，有時反而成為另一個負擔，因此救災人員對那位醫生說：「你告訴我們怎麼做，我們進去就好，救災是我們的工作，你不需要冒這個險。」那位醫生卻說：「你們都敢進去了，我為什麼不敢？」而要不要「鋸腿」確實也需要醫生判斷。

於是那位醫生奮不顧身地拿著針筒和麻醉劑，頭也不回地鑽進去。

他進去後直截了當地問那個男孩：「你要這條腿還是要命？」男孩說：「我當然要命。」醫生說：「好，那麼，接下來我做的任何處置你都要接受，不管多痛！」

醫生在裡面也做抉擇，就是以最快的方式讓他出來，至於可能造成的傷害，出來再說，因為當下離開裡面最要緊，否則後果不堪設想。就在醫生拉著年輕人的腿從「蛇洞」爬出來後的半小時，那棟大樓應聲倒塌，男孩的爸爸和弟弟都遭活埋。

那男孩的外皮割傷、體溫略低、臉色蒼白，但還算冷靜，直到聽到噩耗後啜泣不已，惡劣的心情比他困在裡面要痛苦。對這男孩來說，外傷容易痊癒，但失去親人的痛卻難以平復。

這對歐晉德是寶貴的經驗。他事後以這個例子告訴救災人員，災難現場瞬息萬變，每個人得分秒必爭掌握災情，遇到抉擇時得當機立斷才能將危機的損害減到最少；特別攸關「人命」的時候，應以挽救性命為第一考量，因為，稍一延遲，喪失的可能是寶貴的人命。

採訪後記——

聽完歐晉德的敘述之後，我決定找那位冒險救人的醫生。

但尋人過程頗為曲折。

歐晉德說：「印象中他『好像』是『松山醫院』的醫生。」

我依這「可能」的線索打電話到松山醫院找人，接電話的陳明宏中校表示願意幫忙。他調出協助東星大樓的救災日誌，找出二十三位參與搶救並且有功的醫護人員。這些人，有的離職、有的調職、有的在職，他很夠意思的幫我一一詢問，這時間長達半個多月，但沒有發現我要找的人。

這件事我雖然一直擱著，卻沒有放棄。

有一天我到消防局採訪，剛好談到此事，他們說市政府應該有紀錄，「真的嗎？」我喜出望外。幾天後，消防局的人捎來消息，果真有，紀錄上登記他是中興醫院的「林木宏醫生」，我如獲至寶。

我先撥電話到中興醫院，但林醫生已經離職，接電話的護士不知道他的去向，接著我上搜尋網站，輸入「林木宏」三個字，其中一則訊息也出現「趙建銘」的名字。

趙建銘是台大醫生，我猜林木宏應該也是，但台大門診卻找不到他的名字，我只好再打電話回中興醫院碰碰運氣，這回接電話的護士說他人在台大。我想，既然沒有門診，也許擔任其他職務，於是改打總機問個清楚，結果，他真的在台大，是開刀房的醫生。

林木宏接到我電話的第一個反應充分發揮醫生關懷病人的精神：「那個『大』男生現在還好吧？」他說，當時聽到有個「小」男孩在裡面呻吟，他起了惻隱之心，因為他也有小孩，當下腦海閃過一個念頭：「如果那是我的孩子，我怎麼忍心讓他一個人在裡面哭泣？」當然，「救人」也是醫生的職責，所以他才奮不顧身。

不過，救完那個男孩後他就交班離開現場了，當時疲憊至極，根本不知道後面發生的事。當我告訴他半小時後，那棟房子倒塌了，他滿臉震驚：「啊！真的嗎？」維持長長的一段沉默，「唉！」他大大嘆一口氣，直到這一刻，他才知道自己的生命經歷過這麼驚險的一幕。

一個拳頭的關懷

「聆聽」是化解怨氣很重要的因素，縣市首長在救災當下對民眾提出的質疑未必能立刻提出解決方案，但若能仔細聆聽，有可能化解危機、消除衝突。

歐晉德的周圍一直圍繞著家屬，他們緊盯著現場的進度，關心家人的安危，儘管消防人員盡全力搶救，卻絲毫無法讓他們安心，每抬出一名傷患，都會引起多人上前探望。除非是生還者，否則，隨著時間一分一秒過去，表示生還機會愈來愈渺茫，有的家屬情緒難以撫平，幾近崩潰，有的則不支倒地。

「你這混蛋！」一拳揮過去

在家屬一片焦躁之際，有個「血氣方剛」的年輕人，跑到歐晉德面前大聲嚷嚷：「我爸爸在那裡，你趕快叫人去救他，趕快，趕快……」通常聽到這樣的求助，歐晉德都會立刻派救災人員跟過去；不過，救災人員在年輕人指定的地方一直找，卻找不到他爸爸。

過不久，對講機傳來某一區挖出人來，可能是幾號住戶的親屬，歐晉德馬上要求救護車待命，這時，那位激動的年輕人衝過來看，原來就是他爸爸。

他看到父親躺在擔架上的那一刻以為沒命了，回過頭來恨恨地瞪著歐晉德，目光冷峻，認定他救災無力，氣憤得拉開嗓門大罵：「你這混蛋！我跟你講那麼久，他在那裡，他在那裡，叫你派人救他，你怎麼到現在才救出來……」然後一拳揮過去。

歐晉德毫無心理準備，這突如其來的一拳重重地打在他左邊的臂膀，他倒退兩步。年輕人因情緒太激動幾乎站不穩腳步，歐晉德趕緊上前抱住他，拍拍他的肩膀，安慰他，頻頻道歉。

工作人員見狀立刻上前阻止那位年輕人的舉動，歐晉德搖手說沒關係，不怪他，反而為他說情：「我明白他的悲痛，如果是我，親人就這麼走了，也許情緒也會失控，」所以歐晉德淡淡的說：「我接受這一拳，也覺得應該接受；他有悲痛的權利，是我沒有盡責把他的家人救活。」年輕人隨後跟著救護車揚長而去，歐晉德則尷尬的留在現場繼續指揮作戰。

大概一個禮拜左右，那位激動的年輕人再度出現，他緩緩的走向歐晉德，神情不再憤恨，欠個身，有點靦腆的對他說：「謝謝！」

原來他爸爸送到醫院經緊急救護之後，救活了。

歐晉德事後說：「這是我三十多年職場生涯被揍的第一拳，印象深刻。那一拳讓我感受到那年輕人對他父親的愛與關懷，我真的一點都不在意。」

無理取鬧者，請出場

不過，有消防人員看不下去，不忍心歐晉德被揍還替對方說話，他說：「怎麼辦呢？難道我們都要這樣打不還手嗎？有沒有更好的方法？」

另一位消防人員也問：「今後要怎麼避免工作人員和家屬的衝突？怎麼化解民眾的憤怒？」

歐晉德認為那一拳是「極少數」家屬的意見，這狀況是免不了的。他企圖緩和消防人員的怒氣，舉另一個例子說明，他在災難現場也有強硬的一面。

他說，地震發生的第一天，熊熊大火正在燃燒，有名家屬跑到指揮所，他說目前最重要的就是派人像礦工一樣進入大樓，硬要市府派五百人進入東星大樓挖掘，眼見無人採納他的意見，則大鬧現場，堅持要見馬英九市長，完全不聽從救災人員的指揮。「遇到這種家屬，我只好下令警察將他請出去。」歐晉德舉這例子的用意是，救災是專業的工作，家屬人多嘴雜，要盡如人意，是相當困難的。但即使家屬再悲痛，也不能妨礙救災的進行。

「傾聽」是一種服務態度

摒除無理取鬧的狀況，「我覺得『傾聽』是一種好方法。」歐晉德說，記得在東星大樓現場，有一戶人家的親人因受困位置起火，救災人員研判他的屍體被燒成灰燼，所以沒能找到遺體。家屬雖然接受這個事實，但抑鬱的心情，一直壓在心底。

馬市長趁救災空檔到家屬區致意時，他們的情緒瞬間爆發，指著他大聲責罵，這時救災人員立刻趕過去解圍，因為市長出馬，媒體也爭相報導，如果播出市長被責難的畫面，似乎也不好。「你們的問題，我們不是已經解釋過了嗎？」這時馬市長立刻拉住救災人員的手說：「沒關係，讓他們說！」於是家屬繼續罵，最後撂下一句：「他們是已經說過了，但是我還是要讓你知道！」

後來馬市長把救災人員拉到一旁說：「以後遇到這種事，我讓他們罵沒關係，不用急著擋，如果他們這樣可以把怨氣講出來，都好；一定要讓他們發洩，接下來你的解釋他們才聽得進去。」可見家屬心裡有很多心事，希望對方能聆聽，也渴望被了解。

救災進行到了尾聲，歐晉德再度陪馬市長到家屬區拜訪，這時突然有一位民眾跑到他們面前叫罵，言詞很激烈。其實歐晉德不確定他是不是家屬，正當他準備開口時，馬市長搶著說：「歐副，你去別的地方忙吧，這裡我來處理就好！」馬英九了解歐晉德的脾氣，怕他忍不住動氣，後來他看到馬市長把那位民眾帶到別的地方，慢慢聽他訴苦，紓解了現場對立的氣氛。

「聆聽」是化解怨氣很重要的因素，縣市首長在救災當下對民眾提出的質疑未必能立刻提出解決方案，但若能仔細聆聽，有可能化解危機、消除衝突，不失為一種好方法。

因為官員被罵，甚至接受責備，都是紓解民怨的一種方法；更何況被揍呢？

採訪後記——

那年輕人的一拳，並不是歐晉德職場生涯唯一的一拳。

隔年（二〇〇〇年）總統大選，國民黨失利，開票結束後，數以千計的群眾，情緒激憤，包圍國民黨中央黨部；木棍、石頭、瓦斯、汽笛滿天飛，還有人投擲汽油彈，衝突一波接著一波。另一邊則有民眾抬來一箱一箱的雞蛋，「萬蛋齊發」蛋洗黨部大廈。

國民黨在抗議民眾的包圍下準備召開臨時中常會，但民眾的情緒無從宣洩，只要看到「黑頭車」抵達就打，有人擲花盆、有人持榔頭，敲毀車窗擋風玻璃——他們無法接受國民黨把江山拱手讓給民進黨的事實。

晚上七點多，歐晉德到場安撫民眾，呼籲大家保持理性；九點多，台北市市長馬英九也應民眾要求趕到中央黨部，但站在台上的他仍無法化解民眾的憤怒。

這時台下有人拿著雞蛋往台上丟，竟不偏不倚地擲中馬市長的肩膀。

這位先生大概知道自己闖禍了，拔腿就跑。他以為往警察站崗的方向（中央黨部）跑就沒問題；歐晉德一看，慘了，趕快衝過去，因為那個地方已經圍了鐵絲網。

果不其然，他被擋在鐵絲網前，無處可跑。群眾則一擁而上，一陣圍毆。那時警察局局長王進旺也過來幫忙，歐晉德就在他旁邊，親眼目睹這感人的一幕：「我看到王局長把自己的手放在那位民眾和鐵絲網中間，免得他受傷……」他心想，真是位仁慈的局長啊，他的手一定痛得不得了，但他咬牙苦撐，「當下我強烈感受到執行公務者保護民眾的愛心。」

但，群眾的亂拳並沒有停止，這時歐晉德也奮不顧身爬上鐵絲網，用身體保護他，好幾拳就這麼打在他背上，他高喊「不要打，不要打……」，並故意把頭抬高，讓大家看清楚。總算有人看到了，大叫：「你們不要再打了，他是歐副市長啦！你們打錯人啦！」他們才住手。

事後有人問他：「你怎麼去保護一個丟馬市長雞蛋的人？」

歐晉德說，在場的任何一個人都是該保護的對象。

他們是「市民」，政府的責任就是保護市民的安全；即使被揍，也不能打折扣。

永不放棄——Never give up

過去四天，由於救災人數掛零，他們受到很多民眾和媒體的指責，大家心情沉重；這下可好了，出現兩個「希望」……

東星大樓救災進行到第四天，美國NBC（國家廣播公司）的記者趁空檔來到現場訪問歐晉德。

「其他國家前來協助的救難隊都已經離開了，為什麼你所領導的團隊還持續進行？這裡看來已經沒機會了，不是嗎？為什麼還在挖呢？」

歐晉德聽了很不舒服，他回答：「我從不放棄（I'll never give up），不論處理哪一類的危機，不到最後一刻，我絕不會離開。因為救災的最高指導原則是——永不放棄。」

記者繼續問：「什麼時候才算『最後一刻』？」他說：「直到救出最後一個人為止，不然都還有希望。」

孫氏兄弟，應證奇蹟

他永遠記得救出孫氏兄弟的情景。

那是九月二十六日，救災進行到了第六天，馬市長、社會局局長陳皎眉和他正在現場討論事情。

他站的位置面向整棟東星大樓，他習慣這個角度，以便隨時掌握狀況，後面是一群站在警戒線外的媒體記者，旁邊則是帶著對講機的隨扈。當時的進度是拆除八到十樓的主要結構建築，有五輛挖土機、五組人員持續下挖搜尋，其中一位開挖土機的賴姓司機正以機械手臂劃開一大截斷裂橫梁，闢出一個三角形缺口。

快接近中午的時候，救災人員透過對講機跟歐晉德說：「缺口裡面好像有人！」

他一聽，馬上把手上的東西一丟就衝進去。

災區有個人不知所措的愣在那兒。他光著上身，全身汙黑，滿是灰塵。歐晉德看到他的第一個反應是，「奇怪，這個人怎麼沒戴安全帽？」因為安全的理由，他規定，非工作人員不准進入災區，而凡進入災區者都得裝備齊全。

「你是誰？」歐晉德疑惑地問。

「我叫孫啟光，我哥哥還在裡面！」他轉身指著三角形洞口。

歐晉德心想，怎麼不止一個人不守規矩，還兩個哩！

站在他旁邊的消防局第三大隊大隊長陳崇岳提醒他：「歐副，他就是受困獲救的人啦！裡面還有生還者！」他嚇了一跳，原來就是他！歐晉德立刻扶住他快站不穩的身體，當下真的很難接受這事實，「怎麼可能？他不但是『活的』還是『完整』的，而且裡面還有一個……」他完完全全被眼前的事實震撼。

過去四天，由於救災人數掛零，他們受到很多民眾和媒體的指責，大家心情沉重；這下可好了，出現兩個「希望」……

他立刻叫吊車過來。

在等待吊車的幾分鐘裡，歐晉德忍不住跑到旁邊，用力地跟下面的人揮手、大叫

「是活的！」，現場響起一陣如雷的掌聲。上面、下面的人互相呼應，情緒沸騰。

不少人哭了，被眼前的「希望」感動得掉下眼淚。

地震之後，大部分的家屬抱怨市政府反應不夠快、指責政府沒有制訂適當的建築安全條例、罵建商偷工減料，把政府罵得一無是處；如今，周圍卻彌漫著一種微妙的情緒變化，所有的家屬和媒體把焦點轉為關注生還者，讓死寂的現場，重新燃起無窮的希望。

「我要喝水！」先出來的弟弟對著歐晉德說。

「喔，水，對，對，水！」他馬上叫救災人員拿水給他喝。

這時陳崇岳提醒他：「歐副，眼睛，眼睛，先保護他的眼睛！」對，他剛從黑暗中走出來，眼睛見光容易受傷，歐晉德趕忙用手遮住他的眼睛。就這樣，他們在大家的期盼下搭著吊車一路從位於五樓的災區緩緩降下來。

在吊車上短短的幾分鐘裡，陳崇岳用無線電跟別的同事報告：「我們現在救出一個人，時間是十一點十八分，生命現象穩定……」說著說著，聲音就哽咽了。

歐晉德看到他紅著眼眶，含著淚水，也忍不住潸然淚下。

在那狹小的吊車空間，他是這麼近、這麼清楚、這麼強烈的感受救災人員的心情，陳崇岳說的話交織著辛酸、快樂、激動、疲憊……他的心情觸動他相同的感受；兩個大男人搭著吊車，互相看著對方掉眼淚，心中的滋味難以言喻。

大隊長陳崇岳，公而忘私

這是歐晉德第一次跟陳崇岳合作。大地震發生時，陳太太身懷六甲，但他公而忘私，每個任務都想衝到最前面，完全不顧危險性，尤其前三天的救災黃金期，幾乎沒有闔眼；他們這一群救災弟兄已經被訓練成救難犬一樣，循著屍臭在瓦礫中找尋屍體，睜大眼睛在細縫裡找尋露出的手或腳……這是痛苦而深刻的經驗啊！

也就在前一天，救災團隊氣氛低迷之際，他還聽到陳崇岳跟其他同仁說：「救災情況有時候不如民眾的期待，那些責罵聽了應該趕快忘記它，我們的重點是把人救出來，你要在意的是，被救出的人只是受傷沒有死亡，即使死亡你也沒有悲傷的權利。我們把握當下最好的時機全力搶救就好，大家加油！」

這下，他們的努力，總算有了回報。

弟弟被救出來不到二十分鐘，哥哥也出來了，現場再度歡聲雷動，這兩兄弟隨後都被送到醫院治療，但民眾的心情依然沸騰……

隔天，媒體用「奇蹟」形容孫氏兄弟生還的狀況；但對這幾天都在現場的歐晉德來說，「奇蹟」兩個字不足以形容他的心情。

「我覺得天主一定看到救災團隊的付出，祂一定想——你們這群人，可憐啊！這樣日日夜夜的、不眠不休的、不辭辛勞的努力工作……你們這種永不放棄的精神值得鼓勵，好吧，給你們一些『希望』吧！」他覺得祂是用「希望」安慰救災人員。他真的這麼想——這對他們來說真是好大、好棒的禮物啊！

孫氏兄弟在身體康復後說，房屋倒塌時，家裡的冰箱頂住塌下來的梁柱，沙發撐住天花板，形成一個扁平空間，勉強讓他們可以坐著活動，但周圍的火勢凶猛，熱氣逼人，濃煙嗆得他們很不舒服，空氣非常糟，日子被無止盡的黑暗籠罩。他們互相聊天、彼此鼓勵，度過一天又一天。

他們在黑暗中不知過了多久，隱約聽到有人在挖東西，感覺有個洞，但已經分不清是夢還是現實，弟弟說要試一試，爬出洞，「結果，我們看到了光。」

兩兄弟還慶幸的說，那幾天，他們不覺得餓，但感到口乾舌燥，嘴唇乾裂：「幸好『下雨』，我們喝了『雨水』，靠著雨水活了下來……」

其實那幾天台北並沒有下雨，孫氏兄弟說的「雨水」正是歐晉德一開始堅持灑的水，他們靠滴下來的水維持生命，滋潤身體，他們的生存證明歐晉德當初的決定是正確的。

「幫我找媽媽留下的遺囑！」

孫氏兄弟被救出來後說：「我們聽到樓上還有哀嚎和敲打地面的聲音……」這番話再度鼓舞救災人員的鬥志。而他們說的「樓上」，很可能是尚未被救出的李氏姊弟的媽媽。

歐晉德當然也期待奇蹟重現，但他心裡有數，已經這麼多天了，機會不大，不過他還是用肯定的語氣告訴他們：「請放心，我們一定會努力！」

他和陳崇岳還有其他救災人員一起爬進「孫家」，試著用切割機和各種小型開挖工具，企圖打通上下、左右樓層。孫氏兄弟所指的地方在最中央的塌陷位置，從哪裡進去都很困難。

過了好久，李氏姊弟又跑來告訴歐晉德：「我們剛剛才聽到親戚說，媽媽平時有未雨綢繆的習慣，幾年前早就寫好遺囑，放在客廳的花瓶裡，可不可以幫忙找遺囑？」

他聽了很震驚，原來那位媽媽每次出國就擔心意外，所以曾事先寫好遺囑，詳細寫下對孩子們的叮嚀，萬一真的遇到不幸，就把藏在客廳花瓶內的遺囑拿出來閱讀，讓她能走得安心，不留牽掛。

歐晉德聽了很動容，答應一定幫忙到底，並指示工作人員挖到該處時須特別留意。

不幸的，後來救災人員找到的是她的屍體，「不要氣餒，加油喔，接下來我們全心找遺囑。」有人出聲鼓勵大家。

但這棟大樓，經過倒塌又歷經火燒，要找出花瓶裡的一份遺囑談何容易，然而這是一個重要的請託——雖然大家心裡知道，很難。

歐晉德親自鑽進他們所指的位置，手伸進去時摸到一張桌子，他研判應該有點希望，然後又摸到一條白色繡花布，拿出來給他們看：「這是不是你們的？」他們喜出望外：「沒錯，那是我家的餐桌布！」感覺離希望愈來愈近了，但接下來怎麼都摸不到花瓶，他繼續努力，摸到花梗，拉起花梗，拉出幾根花，但摸到底部有水，他猜，遺囑應該不會放在有水的花瓶裡。

他洩氣地爬出來，很自責沒找到。

真情感動天，締造奇蹟

深夜了，消防局蕭副局長和土方工會理事長張榮珍對他說：「歐副，你先回去休息，這裡換我們來找！」

歐晉德離開之後，他們找好久都找不到，突然的，張榮珍雙手合十，低頭喃喃自語，說話的對象居然是李氏姊弟的媽，他說：「這位太太呀，這遺囑可是你寫的喲，你要引導我們的救災人員順利的把它找到啊！」方式的確另類，不過他相信有效。

唸完之後，挖土機繼續運作，過不久，救災人員從怪手挖出的一堆瓦礫裡發現一個完好無缺的花瓶，「這是不是大家要找的花瓶？」一夥人圍過去，像寶貝似的呵護著它，這花瓶裡有一束用鉛線做成的綠色藤蔓塑膠花，下面用黃紅色的塑膠繩綁著一封信，「應該就是它了！」在旁等待的李氏姊弟急忙打開，「對，我確定這是媽媽的筆跡！」他們非常非常感動，竟激動得向救災人員下跪，「起來起來，千萬別這樣，這是我們的工作，我們應該做的事！」

隔天清晨，歐晉德回到現場時，張榮珍興奮的告訴他這個好消息：「遺囑找到了。」他聽了很欣慰，心裡更清楚，這是救災人員鍥而不捨的精神所創造的奇蹟。

那一晚，很多救災弟兄高興得睡不著，互相問對方：「這種事可能嗎？」有些人一想到辛勞有了代價，情不自禁的掉眼淚，掉著眼淚卻掛著笑容，這畫面令人難忘。陳崇岳說：「我們的確累到有笑容了。」

美國NBC記者在救災接近尾聲之際，再度回東星大樓訪問歐晉德。那一次的採訪很簡短，最後該記者自行下了一個結論，那意思翻譯成中文是，「我們知道，歐副市長的原則是『永不放棄』，他們團隊永不放棄的精神為這次的救災締造了奇蹟。」

採訪後記——

二〇〇四年八月五日，下午六點，消防局十樓貼著一張海報，上面寫著——歐晉德副市長卸任惜別餐會。

當年參與九二一救災的工作伙伴們，全都齊聚一堂。

現場顯得離情依依。

大夥約定好不哭的，然而，當他們拿起麥克風發表感言時，竟個個未語先流。

原本孫氏兄弟當天有事不能來，但他們排除萬難，帶給大家一陣驚喜。他們的出現，也將現場帶進高潮。

兩兄弟似乎有備而來，他們走向歐晉德，慎重的送上一塊刻有「恩同再造」的琉璃製品給他，堅定地深深一鞠躬。兩兄弟真情流露，讓歐晉德忍不住張開雙臂將他們攬在懷裡，現場響起陣陣掌聲，久久不歇。

「恩同再造」四個字，說明歐晉德在孫氏兄弟生命中不可取代的分量。

愛，是救災最高指導原則

這些年紀輕輕的社工員閱歷未深，從來不曾經歷這樣的大災難，他們卻能強忍心中的那一絲懼怕，只因為心中有豐富的愛……

救災結束後，歐晉德常受邀到各地演講。有一次在暨南大學，演講結束前，他開放學生發問。

其中一人問道：「你處理這麼嚴重的災難，在這過程中，你一定承受很大的壓力，你有沒有熬不過的時候？你有沒有很痛苦的時刻？你害不害怕？如果沒有，是什麼力量幫助你度過難關？」

全場鴉雀無聲，等著他的答案。

他搖搖頭，堅定地說：「我想應該可以撐得過去。」台下的學生露出驚訝的眼神。他笑了一下說：「其實我沒有大家想像的那麼勇敢，當然也會害怕，但可以幫助我度過難關的關鍵也許是『宗教信仰』，我只是想『交給祂吧』！」

混亂環境，走出困境

歐晉德是虔誠的天主教徒，天主的教義就是犧牲奉獻。可能長期接受宗教培育，當他面對民眾痛苦時，可以把他們的痛苦轉換為自己的痛苦；在別人發生困難時，很自然的「複製」別人的困難為自己的困難。因此歐晉德願意分擔民眾的苦難，付出愛心，在混亂艱難的環境中，他都當是最好的訓練。情況愈糟，他愈冷靜。

災難發生時，他最接近死亡，甚至就在死亡現場，但他沒有忘記自己的身分是「救災總指揮」，任務是帶領大家走出困境。

「在這幾年的救災經驗中，我深深覺得，沒有什麼比『愛心』更重要的了。『愛心』是什麼？簡單的說就是把『關懷』付諸行動。」

工程人員出身的歐晉德有顆柔軟易感的心，他在演講中回憶九二一救災，讓他深刻印象的人事物。

災區的愛與情，處處可見

「我記得那些投入東星大樓的救災弟兄很多都是剛從學校畢業的社會新鮮人，但他們卻展現『初生之犢不畏虎』的精神。在救災現場，一聽到牆後有人，就拿起電動鑽孔機往裡頭鑽；一看到空隙，就想到裡面救人。他們從不擔心上下樓板萬一掉下來可能被卡住或被壓死——其實，他們應該會害怕的，但愛的力量讓他們變成『勇者』。

「我還看到那些社工人員，每當罹難者的遺體被送出來時，總是立刻趕到急救站，撫慰家屬，陪同他們一起認屍；這些年紀輕輕的社工員閱歷未深，從來不曾經歷這樣的大災難，他們卻能強忍心中的那一絲懼怕，只因為心中有豐富的愛。

「我還看到在場服務的義工，默默地給救災人員端來一杯水，遞上一張紙巾，說一聲：辛苦了，用這親切的服務傳遞自己的關懷。

「視障同胞也不落人後，他們趕到現場說：『我們不能幫忙救人，但是我們可以幫你們按摩。』讓救災人員稍微減輕疲勞，讓心急如焚的家屬的緊綳心情略微鬆弛。

「災區裡的怪手操作員平常看起來可能像個粗人，他們會嚼檳榔、說三字經，感覺沒受過高等教育；但那十天裡，他們為了救人夜以繼日的工作，身體弄壞了，聲音沙啞了，救災結束後有的倒下來了……他們用這種方式表達自己的愛心。

「我也看到母愛。有個母親寫一封遺囑給孩子，那是愛的表現；救災人員奮不顧身找一份遺囑，是珍惜他們家庭珍貴的感情。光看在這一點，怎能不好好去找呢？然而，要在瓦礫堆裡找一封遺囑談何容易，可是他們用心找，完成不可能的任務；就算找不到，我還是欽佩他們的用心，最後終於找到了，讓這愛更圓滿。

「我還看得到夫妻情深。我親眼目睹一對罹難夫婦被大梁重重壓住，先生以整個身體護住妻子，彷彿要以他的背擋住所有的重量；他們雙手緊握，由於兩人抱得太緊了，救災人員幾乎無法將這對夫妻分開，因為拉任何一個都不成。後來我告訴他們悲慟的子女：『你們的爸爸媽媽是相擁著一起離開的，他們直到最後一刻仍彼此相愛，我看了很感動，請你們一定要記住。』他們聽了掉下眼淚。

「災區的親情處處可見，我一輩子也不會忘記，現場有這麼多家屬雙手合十，為親人禱告。有一位太太，眼眶都是淚水，發抖的站在大樓前，怎麼勸她都不走。那種對親人的愛與焦慮深深刻劃在她臉上，那是一種震撼人心的心痛。

「我後來才知道，在東星大樓搖搖欲墜時，林木宏醫生決定爬進去救人的心路歷程。他說，聽到裡面是個『小』男孩，『因為我也有小孩，將心比心，如果我的孩子在災區不斷呻吟求助，我一定捨不得，所以當下立志一定要救到那個小男孩。』

「儘管有個男士揍我一拳，那也是愛的表現。那一拳的意義在於他太愛他父親了，他集中自己的焦慮、關懷，發洩在那一拳裡；我挨那一拳等於接受那位年輕人對他父親的愛。」

愛得深刻，行動就完整

「有愛心，就有行動；愛得深刻，行動就完整。」這是歐晉德常跟救災人員分享的心得。

危機處理雖然面對的是一個都市，但都市是由「人」組成的社會，在關心受災民眾時，他都假設：「用相同心情去救災。如果你最愛的人在災難現場，你會用什麼態度面對這場災難？你會覺得沒關係，慢慢來嗎？當然不可能；如果你很焦急，這種焦急會化為動力，會讓你積極地想盡一切辦法，把不可能的事情都變成可能。」

在台北市政府任內這五年多來，他覺得台北市市民真的是非常棒，有愛心，守秩序，願意服從，只要市政府提出很好的政策，清楚的目標，市民都願意配合。他常到基層接觸民眾，他們純樸、謙卑、積極，那段期間他常有個強烈念頭，「台灣有救了」；但是不可否認，他們也有一些恐懼，但這部分跟政治比較有關。

台灣社會經常處於紛亂的政治氛圍裡，他想請政治人物回頭看看這些可愛又可敬的人們，他們無私的付出、不求回報、體諒別人的痛苦……他們所表現出「愛的力量」，正是社會向上提升的動力。

很多人強調歐晉德救災時的專業，但他說：「專業不重要，心最重要。如果你對社會有關懷，任何事情都可以做得好，這就是愛的力量。」在經歷過這麼多的災難之後，他深深覺得這股力量是台灣安定的基石，值得珍惜。

採訪後記——

很多人對歐晉德的印象是「工程師」，有些人則稱他為「危機處理」專家，但對密集採訪他的我來說，他比較像「宗教家」。

有一次，歐晉德參加朋友七十歲的生日宴，上台致詞時，他說了很多這位朋友的優點，贏得滿堂彩。回到座位後，歐太太輕聲對他說：「你這樣就對了，朋友的好，要在他還在的時候告訴他。」

歐太太有感而發是因為宴會前幾個月，歐晉德的父親才過世。喪禮上，很多朋友趕來送他最後一程，說的盡是他生前的優點，但遺憾的是，往生者已經聽不到了……也許因此歐太太才肯定歐晉德的發言吧！

宗教的情懷在歐晉德夫婦的言談舉止間，處處可見。

第二部

關鍵人物

充分授權的長官——馬英九

「長官對指揮官的信任不是救災時才建立的，而是從平常的工作習慣和態度中一點一滴累積起來的。」歐晉德說。

歐晉德多次談到，救災總指揮親自站上火線處理危機，其背後需要一些配合條件，而最重要的關鍵就是有個充分授權的長官。這個長官不但願意授權，還願意幫前線作戰的總指揮提供後勤資源、阻擋外界壓力，讓他全心全意站在第一線作戰。

談到歐晉德的長官，不得不提馬英九；在歐晉德心目中，他是一個充分授權的人。

「馬拉松」相識，市政府共事

歐晉德和馬英九初識於他擔任行政院國工局局長時。那時國工局籌劃的北二高有一段路即將通車，局裡的同事希望辦一場活動吸引媒體注意；歐晉德就想到當時的法務部部長馬英九，希望藉由他的高知名度並以跑馬拉松方式拉開「通車典禮」序幕。

活動當天，他盡地主之誼陪馬部長一起跑步。鳴槍開跑後，馬部長一馬當先，「咻——」地跑到最前面，歐晉德根本跟不上他的腳步，只好回頭開車趕到終點站。

這個活動引起很大的迴響，也打響北二高的通車新聞。

馬部長在法務部時有個「長跑社」，在他們完成第二段公路後，「長跑社」的同仁打電話給國工局，「如果還有機會，我們想再跑一次。」歐晉德毫不猶豫地答應——那是他們第二次見面。

後來歐晉德到行政院工程會，馬英九到陸委會，他們因處理賀伯颱風有過短暫的相處；不過兩人實際共事，算是到台北市政府之後。

取得主管授權之前，須被充分信任

馬英九有早起的習慣，週一早上七點，很多人可能還沒出門，他們已經開始開市政會議了。

平常開會，歐晉德就坐在馬英九旁邊。會議結束前，歐晉德有時會把自己的看法逐一條列下來，遞給馬英九看。馬英九很尊重他的意見，有時就直接唸出來，然後補上一句：「這是歐副的意見，我很贊成，就照他的意思做。」如果市長忙，有些議題就直接請歐晉德發表看法，並以他說的意見為主，「這是馬市長的好意。」久而久之，同事知道歐晉德的意見馬英九大部分都會接受，逐漸地建立起他在同事心中的分量。

他忘記自己什麼時候成為台北市政府的救災總指揮，按市政府的組織架構，市長才是總指揮官，副市長只是協助市長的副手而已。不過印象中，只要關於工程方面的問題，馬英九幾乎都授權給他。後來只要遭遇工程方面的意外災害，他就主動出擊。

曾經有人問他：「為什麼馬英九是授權給你而不是別人？」歐晉德認為：「要取

得主管的授權，前提是被『信任』。『信任』是核心價值，沒有長官會任命給自己不信任的人擔任救災總指揮。」

當然，「長官對指揮官的信任不是救災時才建立的，而是從平常的工作習慣和態度中一點一滴累積起來的。」歐晉德說。

誠信，長官評斷適任與否的另一項指標

他記得剛到市政府服務的第三個月，馬英九就決定拆除正氣橋，並交由他全權處理。

正氣橋是基隆與台北之間的重要交通樞紐，但它的圓環設計也造成嚴重的交通阻塞，所以市政府決定拆除它，以打通台北市東西向交通動脈。

當馬英九把這項任務交給歐晉德負責時，「我不是直接轉交給工務局的同事，」而是請他們先研擬拆除計畫，再拿過來研究。「這舉動並不代表我不相信工務局的同事，而是職責所在。我必須先了解他們的構想有沒有疏失，再整合其他部門的意見，

這樣才能有效的執行任務。」

首先，他想到的是拆除的「時間點」。要選哪個時段才不擾民？即使打擾市民，如何讓他們感覺舒服？「我想，既然不擾民，就應該選人潮最少的時候進行。」由於台北地區大多為外縣市人口，春節假日，宛如空城，「於是我們就挑在人潮和車流最少的過年期間動工。」接著，他親自開車從基隆到台北，以了解實際的交通狀況，再大量傳遞訊息，把宣傳單發給每個從基隆到台北的收費站，讓所有進出正氣橋的人都知道這件事。

其次，他們構思幾條替代道路，讓非得經由正氣橋往來台北和基隆的居民有其他選擇，「我決定替代道路之後，也實際繞了一趟，看看交通標誌是否清楚，事先為他們做最周詳的準備。」

大年初二，正氣橋正式拆除。值得一提的是，動工當天，馬市長親自到現場向營造廠商致意，讓他們充分感受市政府對他們的重視；相對的，也提高營造廠施工時的警覺性。

那時馬市府團隊剛就任，戰戰兢兢，也許前置作業處理周詳，宣傳做得好，拆除工程可能會出現的交通堵塞都沒有發生，而且由於大家高度配合，市政府團隊士氣高昂，比原先計劃的時間縮短很多；這次出擊打了一場漂亮的勝仗，也贏得媒體的稱讚——這事件無形中建立馬英九對歐晉德的信任。

歐晉德事後反舉例說，如果他接到馬英九的指令就問工務局，「你們有沒有想好怎麼做？」工務局回答，「沒問題，你放心啦！」他就轉達市長，「一切都沒問題，請放心！」一旦出現問題，市政府將湧進一堆民怨……這時，指揮官在長官心中的信任就立刻瓦解。

曾有市政府同事問歐晉德：「你怎麼想得這麼周全？」這跟他的工程背景有關。「我過去做的每一件工程都是為別人而做，基本的訓練和心態就是從『利他』的角度開始。」所以歐晉德都以「民眾的感受」作為為整個計畫出發點。

「利他」的態度有感染力，無形中影響團隊的其他成員。

後來拆西園橋、和平西路陸橋時，他們就仿照拆正氣橋的方式進行，一樣獲得好評。

拆除的時間也還在過年期間。因著年節，他們挨家挨戶地告知附近民眾，順便請他們包容因動工帶來的困擾，居民不但不介意，且樂於配合，還說：「我們沒關係啦，倒是你們自己要注意喔！」馬市長也拜訪附近居民，順便分送糖果，並祝他們佳節愉快，這舉動無形中建立彼此的親切感。

施工期間，塵土飛揚，養工處的羅俊昇處長考慮到騎樓下停有為數眾多的摩托車，於是派工讀生拿抹布擦拭，讓每一部車都乾乾淨淨，「我相信這麼小的舉動，居民會看在眼裡的。」

其實拆除工程不算救災，但是如果處理不好，有可能釀成市民與市政府之間的問題；相反的，如果市政府的「態度」體貼，潛在的問題不但迎刃而解，也可以達到「敦親睦鄰」的目的。

部屬信任長官，救災可以精準而快速地進行

歐晉德說，除了長官信任部屬之外，部屬也要信任長官，因為沒有人會服從沒有「誠信」的領導者。

如果長官本身沒有信用，早上講的和下午講的不一樣，而且不解釋其中的轉變，那麼在救災場合就容易出錯；因為部屬會認為長官的話不牢靠，一旦危機出現，指揮

官下指令給部屬時，可能因部屬對長官的質疑而產生模糊的概念，繼而失去先機。相反的，如果長官平常重視誠信，一諾千金，清楚授權，現場的救災工作也可以有效、精準且快速的進行，「這就是信任的力量。」

在工作和相處上，歐晉德是個有話直說，從不拐彎抹角的人；但忠言難免逆耳，「幸好馬市長從不介意我的直來直往。」歐晉德表示，當他跟馬英九意見相左時，馬英九常對他說：「我們意見不同，這部分可以討論，但先把市民的問題處理好。」這句話等於成功的解決了公事。

他們的個性其實是互補的，討論事情時，歐晉德很衝，馬英九比較沉穩。歐晉德常說：「好啦！就決定這樣做了。」馬英九則會喊煞車：「等一等，再想一想，這樣是不是很周全？」

歐晉德對馬英九的信任也來自於他的正直，「如果我們做的事出了問題，馬市長不會躲起來；更重要的是，發生災難時他一定把『民眾』的安危放在第一。」雖然歐晉德表明願意承擔救災的一切後果，但若救災出現瑕疵，民眾和媒體大部分還是罵馬英九，他也完全接受。因此對歐晉德來說，有這樣一位有擔當的長官，他當然願意在第一線上賣命，救災工作也可以穩定的進行。

救災現場，長官可以彌補現場指揮官的不足

長官充分授權給指揮官後，在救災場合，長官的角色就變成輔導位置，扮演指揮官的「副手」，彌補現場的不足。

像在東星大樓現場，他和馬英九的位置就顛倒過來。他站在前面，馬英九站在後面；他做決策上的主角，馬英九變成輔助他的配角。如果馬英九在現場有不懂的地方，會找他有空的時候問他的看法。

歐晉德舉例說，九二一地震發生後，他在現場忙著指揮救災，家屬在旁邊非常焦慮，馬英九就跟他說：「救災我沒辦法，但紓解民怨我可以。你專心做你的事，你照顧不來的部分，我來做。」於是他安心的在災區指揮調度，馬英九則走進家屬區安慰他們。這是馬英九的長處，他願意傾聽民怨，而民眾也願意跟他講。這確實幫歐晉德分擔很多救災過程中的壓力，「這後來變成我們分工的一種型態了。」這種分工有一個好處，那就是一般長官蒞臨救災現場時，總指揮官通常需要停下工作做簡報，但馬英九從來不要求他這麼做，也不打擾他，「他有時悄悄的來悄悄的走，頂多趁空檔過

來跟我打聲招呼，或者問我哪些地方是禁區，他好留意。」站在救災總指揮的立場，馬英九的作法是最恰當的。

同樣的分工原則，歐晉德也用在他對部屬的互動上。

有一次台北市發生意外，他趕到現場關心，那時的現場指揮官是消防局的大隊長，歐晉德也不打擾他們，只想了解缺少什麼，他好從旁協助。那一次警察還沒趕到，警戒線還沒拉出來，人手略嫌不足，歐晉德就直接下去幫忙。

後來大隊長問他要不要進去看，他馬上搖頭拒絕。因為他充分信任他們，而且如果他答應進去勘災，一定有一些人得負責他的安全，這麼一來浪費他們寶貴的救災時間，不是好辦法。

長官與救災總指揮，需要默契

指揮官與長官除了互相信任之外，最好要有默契；良好的默契可以節省時間，救災時就會發揮最大的功用。

他擔任副市長期間，馬英九的祕書每天把市長的行程傳給他參考，讓他知道市長什麼時候在哪裡、做什麼事，即便假日也如此。

歐晉德印象很深刻的是三三一地震那一次。當天是禮拜天，他人在中山堂頒獎，地震發生後，他看一下馬英九的行程，他剛好在市政府與顧問開會，他前往地震現場的路上打了一通電話給消防局局長說：「市長應該馬上會到救災中心，我就直接到現場了。」沒想到，馬英九也打電話跟消防局局長說：「現在歐副應該到現場了，我就直接到救災中心。」消防局局長張博卿打趣說：「你們兩個還不是普通的有默契呢！」這就是長期分工累積的效果。

那一次的地震，市政府的處理廣獲好評。媒體報導說：「台北市各單位首長立刻在最短時間到指揮中心，由於主要災區只有兩處，救人、送醫、封路等一氣呵成，動作俐落。」

分層授權，維護「管理體系」的制度

馬英九充分授權、尊重部屬的這套系統，歐晉德也採納。

有一次，某局長想要調動一位同事的職務，這位同事他認識，所以該局長處理這項人事案時，特地向他解釋。歐晉德說：「你不用解釋，我完全尊重你的決定。」

他和同事開會時，有些同事會直接向他提出建言，歐晉德都會加一句：「你的看法不錯，但回去先跟主管報告，聽他的決定。」如果他覺得這意見非採納不可，會打一通電話給該主管，強調自己的看法和意見，最後由該主管執行，以維護「管理體系」的倫理。

他相信「長官授權、彼此尊重」的原則，會在市政府團隊一直延續下去。

採訪後記——

在歐晉德眼中，馬英九是個「工作狂」，這一點他們全家都知道。

由於馬英九白天的市政行程幾乎滿檔，所以公文都在清晨或深夜批閱。他批閱公文有個習慣，只要一有問題，就直接打電話問清楚。歐晉德剛到台北市政府的前幾個月，一大清早或三更半夜，常常接到馬英九詢問公文細節的電話。

馬英九打通電話都會先問：「你還沒睡吧？」嗯……這麼晚了，通常都已經睡了，但想到市長還在辦公，多半回答「還沒」，馬英九可能認為既然還沒睡，就直接問公文的內容囉。

有一次，歐太太實在忍不住了，開玩笑的說：「咦，你們兩個怎麼這麼

『好』啊，白天見面，晚上還要通電話……」

後來經過很多人「提醒」，馬英九才逐漸「改邪歸正」。

當然，馬英九有貼心的時候，市政府首長（包括太太）生日時常常會收到他親筆寫的卡片。若歐晉德生日當天馬英九有空，會直接到他辦公室，當面感謝他的協助。

此外，馬英九也有幽默的一面。有一次市政府首長在北投聚會，某一首長竟「借膽」要求馬英九在溫泉跟大家「袒裎相見」，沒想到他居然爽快答應。當他赤裸裸下水時，只輕輕說了一句：「莫道人之短，莫炫己之長。」語畢，全場哄堂大笑。

那一次，大夥洗了一個「難得輕鬆」的溫泉澡。

指揮作戰的消防局局長——張博卿

「在大災難發生的背後，他示範了另一種指揮官的特質。」所以每次談到救災，歐晉德都要介紹這位「引以為傲的伙伴」。

一九九九年十月一日上午十點一刻，負責救災任務的指揮官歐晉德帶領市政府同仁和志工，參加在原東星大樓前的大馬路上為罹難者舉行的祈安祝禱儀式。

現場肅穆安寧，上百車輛在司儀的口號中一同響起長達十秒的鳴笛，像是為罹難者表達沉痛的悼念，也像最深沉的哀鳴。歐晉德首度發言，他先向罹難者家屬致上深深歉意，接著哽咽的說：「沒能救出你們的家人，是我個人有生以來最大的遺憾。但我相信所有受難者都已平靜的安息，也希望所有生還的人都能浴火重生，更加珍惜生命。」語畢，歐晉德面向十天來共同參加救援的伙伴們，鞠躬致謝，感激他們無私的奉獻，「你們讓我感到十分光榮……」他拿出手帕拭淚，這時，消防局局長張博卿走向他，雙手一扣，兩人相擁而泣。

歐晉德回憶那時的場景說，追悼會中，大家感慨經過十天的辛苦，仍然無法把八十七條人命救活，所以看到家屬，非常感傷，在那種情緒下，當張博卿走向他時，他的心情頓時潰堤，「當他抱住我時，我整個身體抽搐，我抽搐的身體牽動他更深的悲傷，我十幾天的情緒在那一剎那徹底得到解放。我哭完後，心裡覺得舒坦多了。」

他們在災區出生入死，彼此都珍惜這段革命感情，歐晉德對張博卿的認識也是從這裡開始。

歐晉德進一步說，台北只要發生災難，不管地震、火災、風災、水災，都看得到張博卿在第一線指揮作戰。他個性很衝，內心卻很溫柔；他在公家單位上班，卻用生命工作。「在大災難發生的背後，他示範了另一種指揮官的特質。」所以每次談到救災，歐晉德都要介紹這位「引以為傲的伙伴」。

忘我的救災精神

歐晉德和張博卿是同一期被馬英九延攬到市政府服務的首長。兩個人的第一次深刻互動就是在處理東星大樓期間。

歐晉德忘記地震發生第幾天了，他聞到張博卿身上發出一股刺鼻的臭味，因而提醒他：「你應該去洗個澡囉！」張博卿心不在焉的「喔」了一聲，看樣子整個思緒都還想著救災的事；「快去洗吧！」歐晉德過了好一陣子再催促他，張博卿才借旁邊一家餐廳的浴室沖洗。

救災進行到第七天，張博卿抽空打了一通電話回家，那時他因過度疲勞，聲音沙啞，接電話的是他女兒：「喂，請問你找誰？」張博卿難過的說：「你怎麼連爸爸的聲音都認不出來了？」

救災的那十天裡，他沒離開過現場、沒回過家，後來實在累到撐不住了，才坐在椅子上休息。但那十天的過度勞累讓他的雙腿嚴重積水，甚至腫到不能穿鞋子，現場的醫生一看他的狀況就斷言肝已經壞了，但他不為所動，照樣衝鋒陷陣。

給救災同仁最好的工具

張博卿外表看起來溫文儒雅，但在部屬眼中卻是個「惡魔」。

他特別重視救災人員的裝備是否齊全，如果有人衣帽沒穿戴好，他會直接衝過去罵三字經、揮拳頭，而且揚言，犯了他的忌諱，「我不會給你好看！」歐晉德初次聽聞覺得不可思議，但張博卿告訴他：「別擔心，我只是想用『最簡短的語言』表達『最強烈的要求』而已。」

私下的張博卿則盡全力為消防人員爭取最好的宿舍品質、最好的防護配備，這些努力背後的意義卻只是因為——不忍心看到他們受傷。因為消防人員冒著生命做事，如果部屬因為工作稍有閃失，那會是他無法承擔的痛。

他任內最大的安慰就是沒辦過任何同事的喪事，光這一點，張博卿驕傲的說：「我絕對對得起他們的家人，別人怎麼罵我都沒關係，只要我的同仁平平安安，怎麼批評都無所謂，因為我不想面對他們的孤兒寡母。」所以他不在乎別人說他平時如何「惡形惡狀」，也不否認自己是用斯巴達式的教育要求部屬；他認為最嚴格的訓練，是他能給部屬最好的保障。

張博卿工作時像個「嚴父」，一旦部屬受傷，卻像個「慈母」。

一九九九年十二月初，林森北路一家地下卡拉ＯＫ發生瓦斯外洩引起氣爆，在場十幾位消防人員全都受傷，其中的陳羿良更不幸地被氣爆「甩」出去，消防帽破了、頭顱也裂了，他被送到馬偕醫院後立即開刀，昏迷一個禮拜。同僚說，假如他當時沒有裝戴整齊，「頭」可能就不見了。所以，大家都能感受張博卿嚴格要求的用意。

陳羿良住院期間，張博卿每天到醫院探望。他的爸媽從南部趕來，起先很生氣，看到張博卿就罵；但他被罵不還口，每天不管多忙都到醫院，停留時間都超過一個小時。大概第五天吧，陳羿良的母親被感動了，她說：「局長，你這麼做，即使是做假的，我兒子有你這樣的長官，我也甘願。」

後來陳羿良醒了，大家鬆了一口氣。但他需要一段時間休養和復健，他的父母居然對張博卿說：「局長啊，我的兒子可不可以放在你們分隊裡面，麻煩你來照顧他，因為我們在鄉下工作忙，南部的設備又不如你們台北好……」

張博卿一口答應。

嚴父兼慈母的長官

陳羿良不是張博卿任內受傷最嚴重的，還有一位消防人員叫陳貴昇，他在為新進消防人員模擬濃煙滅火時，不慎發生嚴重意外，皮膚燒燙傷達百分之四十八。他躺在加護病房的兩個半月裡，前三個星期完全沒有意識，醫院發出五次「病危通知」，大家都很難過。

張博卿也是每天報到，他隔著加護病房透過電話不斷為他打氣，不管他聽得到或聽不到。一開始，陳貴昇的家人對他也很不諒解，在醫院總是見一次罵一回，但他只能賠不是，直到陳貴昇醒來。

陳貴昇清醒後在醫院植皮好幾次，他說在加護病房裡好幾次都想放棄求生意志，但聽到張局長的打氣聲，知道長官一直為他加油，所以努力讓自己好轉。當他知道這段期間家人曾責怪張局長後，一直向他道歉：「你這麼忙，每天來看我還挨罵，真不好意思！」

對張博卿來說，沒有什麼事比部屬重生更重要的了。

成立「金鳳凰專責救護隊」，可提高病患送醫前的救活率

過去，歐晉德的領域都在工程界，對消防局並不熟，但張博卿讓他見識到打火弟兄的抱負和執著。

歐晉德回憶張博卿第一次跟馬市長見面的情景，當時馬市長對張博卿說：「消防工作我外行，這方面你是專家。如果你當消防局局長，你要怎麼做？」

張博卿一直希望消防隊員除了滅火之外還可以救人。過去消防隊接到民眾求救的電話都是把救護車開到災禍現場，拿出擔架，把傷患送到醫院而已；但他希望消防人員一到就能馬上為傷患進行醫療救護，像是包紮、止血等工作。如果傷患嚴重者，譬如是心跳或呼吸停止，可視情況施以心肺復甦術（CPR）或電擊，藉此提高傷患「到院前的存活率」。

於是張博卿說：「我希望成立『緊急醫療救護隊』。」

馬市長問他有沒有一些積極的作法，張博卿表示：「我希望讓消防人員都能接受醫療專業訓練，取得合法、合格的認證，以執行這項任務。」

馬市長說：「這任務就交給你了。」

首先，張博卿要求台北市所有的消防人員接受為期三個月、兩百六十四小時的醫療、急救訓練，然後挑選三百名合格的「中級救護員」，執行到院前緊急救護工作；過幾年，再挑二十名服務滿四年以上的中級救護員接受一年一千兩百八十個小時的專業訓練，通過嚴格的測驗成為「高級救護員」。

「高級救護員」可以視情況對傷患執行注射、給藥、氣管插管、心臟電擊及使用自動體外心律器等高級救命術（ALS），等於「急診中心」的延伸，同時與醫院聯繫，提供雙軌到院前高級救護服務，以最短時間送達醫院，由醫師接手救護。

張博卿在市政府確定推動「緊急專責救護隊」後，有一天，他在一個聚餐場合遇到張珩（當時任職於新光醫院急診室主任，後來因SARS接任「衛生局局長」，而後擔任「市立醫院總院長」），他一聽到這消息眼睛為之一亮，眼角泛著淚光，用力地抱著張博卿說：「這是我在急診醫學會理事長任內最想推動的一件事，可是一直到我卸任都沒有辦法成立。你一定要好好做這件公德，這是對市民最有直接幫助的政策，不論你需要什麼幫忙，只要一句話，我一定提供所有的支持和協助，全都免費……」說著說著就哽咽了。

張博卿當場為張珩的真性情所感動，「我一直覺得，任何政策得先感動自己，才能感動別人。」歐晉德從這個角度觀察，「台北市市民的確很幸運。」

建立完整的救人模式，民眾才是贏家

「緊急醫療救護隊」的成立讓歐晉德目睹張博卿的執行力。張博卿從籌錢、規劃、訓練，全都一手包辦。他很有骨氣，不要議會編列預算，其實他很清楚這筆經費很容易在議會通過，但他覺得若由民間參與將更有意義。

接著，他針對不同團體做各種簡報。像是某些廟宇願意捐款行善，就到廟裡請託；他入境隨俗，該拜的就拜，該跪的就跪，有時候一跪竟長達兩個多小時。

他在向松山慈佑宮說明培訓高級救護技術員（EMTP）時，終於獲得全體董監事一致通過，除了捐贈五百萬元經費外，並主動表示再捐贈六輛加護型救護車，價值超過一千萬元。他們說：「是被張博卿局長的真誠感動了。」

後來他們邀他參加媽祖千秋誕辰時，張博卿欣然答應。雖然他的雙腿在九二一震災所受的傷害尚未痊癒，但他全程強忍疼痛，「這不是迷信，而是感恩。」

為了讓救護隊做得更好，張博卿經常找同仁檢討不足之處。有一天張博卿跟歐晉德提到，台北市上下班的顛峰時段交通擁擠、某些巷弄狹窄……這些狀況都可能延誤緊急救護時機，「所以，我想成立『重型機車救護隊』。」

歐晉德覺得這個構想非常好，當時他馬上想到喜歡玩重機車的潤泰集團尹衍樑總裁，希望他能共襄盛舉，贊助設備和經費；沒想到他一口答應，他們立刻展開相關購置、進口及訓練事宜。「重型機車救護隊」的成立，再一次提升台北市緊急救護的服務水準。

為了打響「緊急醫療救護隊」的名號，消防局接受議員的建議改為「金鳳凰專責救護隊」。「金鳳凰專責救護隊」的成績非常好，獲救的市民對於消防局的這項措施既感動又感激。

受惠民眾，心存感激

歐晉德因為工作上的關係，常有機會跟消防局的同仁接觸。有一次他到消防局開會，好幾個市民參與該次會議，原來他們都曾在性命危急時被消防隊員搶救成功，活了下來。這一天，他們一來答謝，二來分享心得，歐晉德也順便坐下來聆聽。

其中一位是交通大學的褚德三教授。他說，有一次到台大開會，開完會他到新生南路台大側門對面的懷恩堂前等車，突然的，眼前一片暈眩，休克昏倒了。緊急救護隊趕到現場後馬上對他施以電擊，讓他心跳復甦後，立刻送到附近的台大醫院繼續診治，他醒來講的第一句話是：「幸好我倒在台北市！」

歐晉德聽了會心一笑。

還有一名張姓油漆工人，因心律不整，砰然倒下。救護人員接獲通報抵達現場前，張先生已經沒有心跳和脈搏，救護人員為他疏通呼吸道再施以CPR急救，仍不見起色，於是為他進行自動電擊加上CPR，張先生終於吐了一口氣，脈搏也逐漸恢復跳動。這驚心動魄的八分鐘，讓張先生脫離險境，這件事發生在救護車上配置自動心臟電擊器不到一個月的時間內，也讓救護人員士氣為之振奮。

另一位是任職於高檢署的檢察官謝英明，在二〇〇四年六月間，他與朋友在故宮博物院後方的空地打羽球時突然昏倒，瞬間失去呼吸和心跳，在場的人都嚇壞了，立刻撥一一九求救。

雙溪消防隊的救護員在三分鐘之內趕到，馬上施以ＣＰＲ和自動心臟電擊，並以喉罩維持呼吸道及給藥，整個過程只有四分鐘，就讓謝英明的心臟重新運作，隨後再送至榮總繼續住院治療。

恢復健康後的謝英明說：「我很幸運，碰到這些貴人，撿回了一命。醫生說，如果再晚一分鐘，即使救活也可能因為腦死而變成植物人了。」

「金鳳凰專責救護隊」引起很大的迴響，讓台北市市民受益良多。獲救的市民幾乎都曾與死神搏鬥過，他們對消防人員的敬業精神自然也有一番深刻的體認，獲救市民透過各種不同的方式表達感激，而張博卿巧妙地將這些感激製作成「專刊」，轉為鼓舞消防人員士氣的動力。他說：「我不能幫你們升官調薪，這是我除了記功之外還能做的，因為民眾對你們的鼓勵和肯定，是無價的！」

好的政策，可以獲得市民肯定

有一次，扶輪社請歐晋德演講，題目是「台北市的未來」。會中有人問歐晋德：「你跟馬市長共事多年，你覺得他最好的政績是什麼？」他毫不猶豫的說：「他在任內成立了『金鳳凰專責救護隊』，因為這個政策實際救人，自從一九九九年六月成立到二〇〇五年二月底，四年八個月的時間，成功的搶救一百六十一位到院前心肺停止的民眾；這一百六十一個人可說是一百六十一個家庭（甚至更多的相關家庭），為台北市市民提供快速而妥善的緊急醫療救護，大幅減少災難受傷的比例，是一大德政，也是最偉大的政績。而亞洲地區，只有台北市有『緊急醫療救護隊』，這一醫療隊徹底將台北市的災害減到最低，而它的成立，為『減少災害』找到一個有效的處理方法，成功的將危機變成轉機。」

他演講完畢之後，觀眾席裡有一位聽眾突然站起來說：「台北市政府的救災真的沒話說，因為我是當事人，也是受惠者，我可以證明台北市的作法非常棒。」

歐晋德仔細一看，原來他是東帝士大樓的住戶。

那一次東帝士發生火警，歐晋德剛好在附近跟朋友聚餐，一聽到消息立刻趕過去維持交通秩序。這位老先生在十幾樓的住家裡暈倒，消防人員奮不顧身跑到樓上把他背下來，經過緊急急救才救活，他醒來後特地買一部救護車送給台北市政府作為答謝的禮物。

鞠躬盡瘁，立下楷模

歐晉德說，張博卿平常以消防局為家，晚上就睡在辦公室裡。睡覺時無線電總是開著，若聽到嘈雜聲，他就警覺可能出事了，以便立刻行動。

他一年只休息一天，就是清明節時回嘉義掃墓。那天本來就是國定假日，但他還是禮貌性地跟馬市長說一聲，唯恐這一天他離開台北市，市民稍有閃失。

但張博卿卻也因過度勞累付出慘痛的代價，犧牲了健康。

他後來到醫院做健康檢查發現GOT指數已經超過一千（正常值十至四十二）、GPT指數也超過六百（正常值十至四十），接近「猛爆性肝炎」，無法正常站立，得住院觀察。

幾經思索，他決定提早退休。

在提出退休的前一天，曾捐贈消防局二十輛ＢＭＷ機車型救護車（價值超過五百萬元）的潤泰企業集團董事長尹衍樑先生在遠東飯店宴請所屬企業負責人，也邀請歐晉德和張博卿參加。那天，已住院的他偷偷溜出醫院，手臂還插著打點滴的針頭。歐晉德問他：「既然要退休了，為什麼還抱病參加？」他說：「我要趁退休前，趕過來報恩。」

對於張博卿的離開，歐晉德心裡有許多的掙扎，但他知道，若按張博卿這樣「拚命三郎」的工作態度，總有一天連命都會拚掉。

退休的歡送會上，歐晉德緊握張博卿的雙手說：「市政府有你這樣的官員，是台北市市民的福氣。」張博卿客氣地搖頭說：「我只是做分內應做的事而已。」

這幾年，消防局同仁偶爾會邀請歐晉德參加聚餐，敬酒時，他都「乾杯」，這是他唯一能表達對他們敬意的方法；他偶爾也回市政府，遇到同事總是說「加油喔！」，因為他知道這裡有很多的張博卿。

採訪後記——

張博卿在為經費奔波的過程中，意外透露一件鮮為人知的小故事。

他說，「金鳳凰專責救護隊」成立後，他為了在救護車上配置自動心臟電擊器而向外募捐。市議員陳玉梅答應陪他到「南僑化工」拜訪陳飛龍先生。他知道陳先生一向樂於公益、助人不落人後，應該沒問題才是。

抵達「南僑化工」後，陳飛龍果然爽快答應捐款，令張博卿非常感動：「不過，我有一個條件。」

張博卿有點緊張，不知道他要開什麼條件，但心想，為了這筆捐款，無論如何嚴苛的條件他都會接受。

陳飛龍央求他說：「你可不可以替我當一天的董事長？」他嚇了一跳：

「這太……不可思議了吧！」他看張博卿露出驚訝的表情，馬上安撫他：「別緊張，所謂『當一天董事長』就是幫我把桌上剛出爐的這幾個牛角麵包吃掉。」

張博卿聽了鬆了一口氣，忍不住笑出聲來：「那有什麼問題呢？」他一口一口大快朵頤。

原來「南僑化工」不僅生產水晶肥皂，還製作麵包；當老闆的他為了管制品質，每天必須親自品嘗生產線送上來的抽樣產品，直到滿意為止。

對張博卿來說，那是難忘的一天：他得到五百萬的捐款、當了一天「老闆」，吃了一堆牛角麵包……幸福的滋味難以言喻。

擔任溝通橋梁的說明官——何鈴鐺

有耐心、草根性強，熟悉救災事務和指揮系統，遇到問題知道該和誰聯絡；這些在救災現場的細膩部分，也是政府最容易忽略的地方，但何鈴鐺注意到了。

這是九二一地震東星大樓家屬區的場景：市政府團隊發布重要消息，但訊息不明確，現場一片嘈雜，只見他拉大嗓門請家屬靠過來：「麻煩你們先安靜一下，請你們聽我說，先不要亂猜，我現在馬上過去替大家問清楚，然後用最快的速度跑回來跟大家報告，讓你們清楚的了解整個事情的來龍去脈，這樣好不好？」頓時，一片鴉雀無聲，「好啦，好啦，快點過去……」他拔腿就跑，真的用跑的。

他叫何鈴鐺，消防局第二大隊的副隊長，在這場救災中有一個特殊的任務，就是擔任市政府和家屬之間的溝通橋梁。不過歐晉德一時之間很難賦予他職稱，但有人稱他「說明官」，大致是這意思。

安插這職務的緣由是地震發生後，東星大樓附近處處充滿無助、不安、情緒不穩的家屬。「台北市政府的人在哪裡？」「我的家人在裡面，快來救人啊！」「你們的速度怎麼那麼慢？」抱怨聲不斷，火爆場面時有所聞，他們焦急的模樣似乎比救災人員都想跳進去救人。

消防局局長張博卿見狀，跑過來跟歐晉德緊急協商：「我們應該找一個人，當作家屬跟市政府之間的『潤滑劑』，才能化『阻力』為『助力』，否則，這樣吵鬧下去，一定會造成我們的困擾，影響救災進度的。」

歐晉德覺得很有道理，腦海迅速閃過何鈴鐺的影子。因為九二一凌晨，當他抵達現場時，何鈴鐺正拿著麥克風，呼籲受困民眾不要跳樓，有條不紊地指揮消防人員全力拉住一雙雙在窗邊等待救援的手——歐晉德對他的表現印象深刻。

很巧，張博卿也提到何鈴鐺。

因為東星大樓屬於何鈴鐺的管轄區，有地緣關係，而且他很有耐心、草根性強，熟悉救災事務和指揮系統，如果遇到問題知道該和誰聯絡。既然如此，他們毫不猶豫地請何鈴鐺擔任此一職務，他也一口答應，歐晉德心裡十分感激，也就順理成章的把疑難雜症全丟給他。

設置「說明官」，站在家屬那一方

何鈴鐺四十來歲，畢業於警官學校。

他的名字很特別，聽說出生時，家人拿八字給他的叔公算命，叔公說這孩子命裡缺金，於是取雙金的「鈴鐺」。

何鈴鐺是個熱情十足的消防人員。在消防局逐漸嶄露頭角後，人事局曾建議他改個「穩重」的名字，但他說：「也許這名字當警察不好，該改，可是當消防人員剛剛好，不改。」

在日據時代和光復初期，地方發生火警，消防車出動時都以搖「鈴鐺」告知附近居民，也許他的名字注定就該當消防人員的。

救災的第一天，在那種劍拔弩張的氣氛中，「說明官」幾乎等於「受氣包」，家屬只要有任何不滿，不管有理無理，一律指著他的鼻子破口大罵；但何鈴鐺秉持著「罵不還口、打不還手」的精神，等家屬氣消之後，才開始解決問題。

有問必答，有叫必到

每天早上八點，市長或副市長都會主持「勤前會議」，說明當天的進度、分配職務和宣布重大消息，何鈴鐺也在出席之列。會議一結束，他一定立刻趕到家屬區把剛剛開會的內容忠實地轉述給他們聽。由於「勤前會議」只有救災人員出席，所以解說時，記者也會湊過來。他就說：「各位記者小姐先生們，如果你們要聽，可以，請退到家屬後面去。」家屬感受到自己受重視，心裡很窩心。

此外，為了讓家屬能清楚了解救災進度，他們把家屬區設在東星大樓倒塌現場的正對面，以便隨時盯進度。他記得在決定動用重機械開挖時，家屬很反彈，他們非常擔心怪手可能傷害尚未救出的親人。

何鈴鐺很快趕去向歐晉德提出要求，希望帶領他們進入災區了解狀況。歐晉德搖頭表示「不准」，他反對非救災人員進入災區，因為有安全上的顧慮。但何鈴鐺說：「歐副，如果要安撫家屬的情緒，唯一的方法就是讓他們清楚真相。」歐晉德後來想一想，決定接受他的意見，於是請消防人員挪出一條動線，同時找一位怪手操作員實際操作給家屬們看，再由何鈴鐺親自說明。

「你看，現在怪手看到硬的梁柱，這才挖下去喔！」當怪手碰到樓板，他說：「你看，這時是用扒的方式，慢慢扒慢慢扒……」當怪手看到「軟的」東西，他說：「你看，它就停下來了，改用手工方式，所以絕對不會傷到你們的家人……」當時現場剛好有一個手提包，他就請怪手把它鉤起來，讓家屬親眼目睹笨重的機械「輕巧」的動作，這時家屬才放心的離開。

歐晉德當面肯定何鈴鐺的表現，稱讚他體恤受難者家屬的心境和焦慮，知道他們需要什麼，該給什麼；歐晉德也看到他的擔當，該反應的就反應，該替家屬爭取的就爭取。這些在救災現場是很細膩的部分，也是政府救災時最容易忽略的地方，但何鈴鐺注意到了。

說一些故事，給家屬聽

何鈴鐺雖然擔任市政府的「說明官」，但「心」卻是跟家屬連在一起的。有一次，他聽家屬對市政府有所抱怨，也跟著家屬一起罵：「他們怎麼可以這樣？一定是『起肖』啦，如果真的怎樣，我一定過去拚命，你們給我一點時間，我過去看怎樣，馬上回來給你們做報告。」這樣的一句話，總比他說：「不會啦，我們市政府絕對不會做出那種事啦，你們不要誤會。」容易贏得家屬的好感。

雖然家屬報告的重點鎖定在救災進度，但有時也以講故事的方式緩和大夥的情緒。例如，現場屍臭沖天，連戴口罩都沒用，他也會考考他們：「你們知不知道，救災人員戴的口罩怎樣蓋過屍臭？」原來，不怕酒味的就在口罩裡灑高粱酒，怕酒味的就噴綠油精，還有一個住在基隆的工人，每天下班後就背著電動挖孔機到現場幫忙。「整個救災現場像他這麼有愛心的社會人士，到處都看得到……」家屬竟聽得入神。

大概第三天吧，家屬看他嘴唇講到破皮了，主動拿楊桃汁給何鈴鐺喝，他說：「在那惶恐和興奮交織的心情中，我一口一口慢慢啜飲，將近半小時才喝完，眼淚差一點掉下來。」從家屬一開始頻頻抗議，後來經由他的協助，逐漸變成市政府的「助力」，與救災團隊融為一體，這的確不是個輕鬆的過程。

歐晉德說，救災團隊和受難者家屬在搶救生命財產的目標是一致的，但需要有合適的溝通管道，這管道一旦建立起來，可以達到「事半功倍」的效果。

例如，救災中心的大樓平面圖記有每戶人數，但須經家屬主動協助才能做最後確認。這資訊對救災工作很重要，如果救出來的人數跟登記人數一樣，這一戶的救災就算完成，消防人員就可以大膽的將房子拆除，不但減輕救災壓力，也加快救災速度。

市政府在東星大樓的救災工作一共十天，救災結束後，何鈴鐺的服務仍然繼續。他把電話留給家屬，告訴他們：「如果以後有善後處理、補助款申請等等，都可以找我幫忙。」

阻力變成助力，化危機為轉機

不過回到辦公室，「創傷後壓力症候群」卻威脅消防局的救災人員，不少人因此得了輕重不等的恐懼症而接受心理治療或諮商輔導。站在第一線的醫護人員和社工仍餘悸猶存，有的得靠藥物才能走出地震的陰霾；而在孩童部分，很多老師發現，倖存的幾名小朋友白天在學校會炫耀自己的經歷，夜晚回家卻變了另一個人，沉默、寡言。

但何鈴鐺的身心狀況卻十分良好，沒有任何的後遺症。同事不相信，「難道你真的不需要看心理醫生嗎？」他反駁，「為什麼要去呢？我來輔導你們還差不多哩！」因為他在處理家屬的疑難雜症時，藉著不斷的解說而把心裡的壓抑和恐懼，全都釋放出來了。

該年底在凱悅大飯店（今君悅大飯店）有個感恩晚會，活動中有個「點燈」儀式，主辦單位指派歐晉德，家屬則指派何鈴鐺，由他們兩人共同完成。幾個家屬靠近何鈴鐺：「你是何副座喔？看不出你這麼英俊哩！」

歐晉德知道，何鈴鐺替市政府贏得了家屬的友誼。

現在有人問歐晉德：「救災場合，如何安撫家屬的情緒？」他就舉何鈴鐺的例子說：「如果現場能找出一名扮演市政府和家屬之間的『溝通橋梁』，就能化『阻力』為『助力』了。」

採訪後記——

一位和歐晉德長達三十年交情的朋友說，歐晉德在職場生涯的成就之一，在於懂得欣賞部屬，這一點十分難能可貴。所以當我說歐晉德提到何鈴鐺的事，他一點都不稀奇：「因為歐副經常鼓勵基層員工，如果台北市有工程，他一定會利用週休二日趕到工地慰問他們，他的行事作風很有『人味』喔！」

我跟歐晉德提起以上的評語時，意外勾起他的往事。「的確，我對工程有一份難以言喻的熱情。例如鋪一條馬路時，我當作它是一種服務；蓋橋的時候，我會想，完工後它會是什麼樣子？如果有人問：『你家住哪裡？』他可能回答：『我家就在橋的那一邊。』這座橋也可能是情侶約會的地點，而隔了四、五十年後他們可能會跟孫子說：『你看，當初爺爺就是在這座橋跟奶奶認識的。』所以一座橋除了交通的功能之外，也可能跟地方文化有關，甚至產生濃濃的感情。」

因此他規劃工程時，特別感激幫忙完工的基層人員。不管施工的、打水泥的，不管在市區或山裡，只要他知道工程正在進行，都會帶些東西過去。「他們有時也要請我吃檳榔或抽菸，我從不拒絕，這是我跟他們『搏感情』的一種方式，也許未必是最好的方式，但在『感覺』上是窩心的。」因為他的出現，不是視察，而是慰問他們的辛勞。「我的態度是尊敬他們的，所以當我這麼誠心誠意的感謝他們時，我相信他們一定會用更加賣力的工作來回報。」

歐晉德參與北二高建設時，曾到關西謝謝一對畫磚和磚之間墨線的夫婦；那條墨線劃上去，馬上呈現立體的美感。儘管也可以一筆帶過，但是他們細心的一筆一筆劃上去，認真工作的態度讓歐晉德十分感動。「我說：『謝謝你們，把墨線劃得這麼好。』我說時，親眼看到那位太太臉上充滿喜悅的笑容，我猜也許她第一次碰到長官誇讚她劃的墨線吧！」

歐晉德經常把基層人員認真工作的態度說給別人聽。他們說：「奇怪，為什麼你待的單位有這麼多『打拚』的人？」他說，好的工作態度會傳染，如果這個團隊有一半以上的人都有一種理念和欲望把事情做到最好，就會影響另一半的人，久而久之，就成慣例了。

第三部

與「看不見的敵人」作戰

拆除危險山坡地聚落

由各單位組成的「聯合服務小組」，擬出「危險聚落拆遷補償條例」，並很快的獲得議會支持，台北市也成為全台首創「危險山坡地」拆遷的都市。

歐晉德曾到天津與國際學者談「都市防災」，結果發現台北市是一個受天然災害嚴重威脅的都市，不論地震、水災、旱災、颱風等等，台北市都名列前茅。這讓他想起剛進台北市政府第一次視察的情形。

那是一九九九年（他到台北市政府的第二年）春末夏初之際，颱風來襲之前，他和市政府的幾個同事到台北市危險山坡地聚落了解狀況。

由於自己學的是「大地工程」，所以他很快發現山坡地上違章建築潛藏的危機，也憂慮住在山坡地下民眾的安危。

美國科學院一九七八年的一份特別報告曾指出，百分之八十以上的山坡地災害是由人為因素所造成，如果採取預防措施，可減少百分之九十五至九十九的災害損失。香港自從成立土力工程署並致力山坡地安全管理之後，山坡地災害逐年下降，舉世聞名。所以他告訴隨行的同事：「危險山坡地一定要先解決，否則，他們永遠面臨威脅。」

住戶抗議視察效率，市政府決定徹底解決

不過視察過程中，同仁婉轉的告訴他：「歐副，這些都是多年的老問題了，不容易解決。如果要拆除，第一，沒有經費；第二，要他們搬到哪裡？這裡的住戶，有的已經住四十年了。」

歐晉德不以為然的說：「住了四十年沒事，不代表永遠沒事喔！」

但一時之間他也想不出解決之道，當時能做的仍是按照往例，先勸他們暫時離

開，等颱風過後再回來。

他在勸住戶離開時，有一對夫婦硬是不肯走。他們費盡唇舌，好說歹說，其中一位太太勉為其難的打了個圓場：「哎呀，人家歐副市長都來了，我們就給他一個面子吧！」那對夫婦才同意暫時搬離。

那一年的颱風不強，山坡地上的住戶都平安度過。

隔年，颱風來臨前，他照例跟同事視察危險山坡地，那一次來到吳興街五百八十三巷，他們一行人剛抵達時，遠處一戶人家打開窗戶，隔著青山對著他罵：「歐副市長，你去年就來了，說要解決這裡的問題，今年你又來這裡說要處理，你這種『戲碼』還要演多久？」

他當場愣住了，沒想到他們的反應這麼強烈。

那位仁兄繼續說：「每年來有什麼用？你們每次大雨就來看一次，看完以後都說會處理，十幾年來哪有處理？」

當時陪他的還有里長和區長，他們護主心切，回了住戶幾句：「人家歐副市長是來幫我們解決問題的，你還這樣講……」

雙方你來我往，氣氛很僵。

歐晉德聽了很難過，推推他們說：「不要這樣，我覺得，人家講的不無道理。如果我今年沒處理好，明年真的還得再來一次。」

結束尷尬的山坡地視察，他找幾位同事到辦公室開會。他一開始就說：「我們明年不能再去了，不然真的會鬧笑話了。現在大家就來想辦法，把問題一次徹底解決。」

撤離和壓死，哪一個划算？

他們坐下來想對策。

「那裡一共有幾戶人家？」他問。

「有三十幾戶。」

「好，現在你們擬一個計畫，如果請這三十幾戶人家搬走，辦理邊坡整治，需要多少錢？」

「大概要一千多萬。」他們認真算了一下，互相交換意見，說出這個數字。

「好，大家再想一想，假使他們來不及撤離，因風災壓死了，政府要發多少慰問金？」因為過去有類似案例。

「大概每人一百五十幾萬吧！」他們憑記憶回答，並不確定。

「好，如果我們把危險違建拆了，整理邊坡，每一個人撥一筆安置費，每一戶需要多少錢？」

「大概五十萬到七十萬吧！」

「你們再想一想，哪一個方法划算？」

他們異口同聲說：「當然是請他們搬走划得來，但是目前沒有法令依據啊！」

歐晉德馬上提出質疑：「我們市政府不就是立法機關嗎？我們動動腦，擬一個法令，請議會同意，把危險山坡地聚落一次解決。如果有問題，請其他單位一起幫忙。」

同事們覺得可行，他隨後跟馬市長報告。

馬市長一向關心危險山坡地的改善，現在有了具體方向，他很高興，立刻要求市政府法規會、工務局建管處、建設局、社會局、區公所、都市發展局（原國宅處）等單位組成「聯合服務小組」，擬出「危險聚落拆遷補償條例」。

這個計畫很快獲得議會的支持，台北市也成為全台首創「危險山坡地」拆遷的都市。

台北市的危險山坡地聚落共有三十二處，他們將它建檔，進行全面性的地質調查並分門別類，分成敏感區、危險區等等，再把「最危險的」一處，列入優先拆除的主要計畫，依此類推。

歐晉德推估，「如果我們一年處理一個危險山坡地聚落，三十二年後台北市就沒有危險山坡地聚落；如果一年可以處理兩個，十六年後台北市也沒有危險山坡地聚落；如果一年可以處理四個，八年後台北市也沒有危險山坡地聚落……市政建設應該朝長遠方向去做，總會有一天，台北市不再憂慮這個問題。」

由火爆變溫和，由拒絕到感動

歐晉德的建議是對的，這正是首長對都市長遠計畫該有的觀念。但實際執行，仍然困難重重。

由於過去類似的拆遷，常被誤以為市政府「強迫」住戶搬家，引來他們極大的反彈，所以馬市長特別提醒同仁以「先安置，後拆遷」為原則，讓住戶清楚明白市政府的用意和提供的協助，秉持「立場堅定、態度溫和」，耐心協助他們搬離危險聚落。

有一次開說明會，場面十分火爆。市政府同仁開口不到五分鐘，就有人大聲鼓譟，說明會不但開不成，私下還不時接到恐嚇電話。

為了不延誤進度，他們決定將人員分成幾組，視住戶的作息挨家挨戶拜訪，不分晝夜，一一向他們解說和溝通；如果還是行不通，就請他們的親朋好友或里長一起加入勸導行列。

這些住戶後來被他們的真誠感動了，往後的工作才漸入佳境。

由於他們在「社會關懷」和「民生問題」都處理得不錯，所以過程很順利。他記得拆除雞南山那一次，有很多部SNG車到現場做連線報導，記者們訝異的問：「啊，怎麼那麼平和？怎麼沒有住戶抗議呢？」

雞南山拆遷成功之後，住戶很感激市政府的努力，特地辦了一場感恩茶會，也邀請他和馬市長參加；事後他聽協助他們的建設局同仁說，這些住戶對目前的居住環境很滿意——這些反應使他們的努力有了代價。

危險山坡地聚落拆遷安置後，他們在原址做了水土保持的防災處理，經過建設局的整治，現在多了造林、植樹、生態溪溝、步道、涼亭等等，間接提供附近居民休閒場所，而且拆除完畢之後，對他們的生命也比較有保障。

馬市長總結危險山坡地聚落的處理過程曾說：「這叫soft power。」他解釋成「柔性魄力」；也就是說，處理事情並非得硬碰硬，用溫和的方式一樣能圓滿解決問題，化解危機。

採訪後記——

我聽完歐副的講解之後，便找機會到市政府建設局第五科採訪實際參與危險山坡地拆遷的工作伙伴，他們則回應我一些小故事。

令我感動的是，他們真的把危險山坡地聚落的住戶當朋友般對待。例如幫他們找房子時，有的住戶不希望有電梯的，有的希望住國宅……住戶要求什麼他們都盡量配合。

其中雞南山有一戶陳姓老榮民自始至終都不願意搬走，不管他們費盡多少唇舌，他依然故我，最後在其他鄰居的壓力下，他才逐漸軟化。

但由於時間緊迫，很多東西來不及整理，他們乾脆親自幫他搬家，還扶他下山。老伯伯感動得頻說：「謝謝、謝謝！」

後來他們與建設局的同事保持密切聯繫。有一次幾戶人家到建設局來：「我們好想送東西給歐副市長還有馬市長吃喔，但是這些都是鄉下東西，怕他們會『見笑』啦！」建設局的人說：「不會啦，他們知道這是你們的誠意，高興都來不及了，怎麼會『見笑』呢？不然，你們也可以寫卡片啊！」但他們回答：「更不行喔，我們的字好醜啊！」

離開建設局辦公室後，我心裡一直很佩服：「原來，公務人員也可以做得這麼成功。」

要先恢復生活秩序，還是清理垃圾？

台北市每天平均的垃圾量約為三千七百噸，納莉颱風過境的第一天就清了五千多噸；市政府同仁告訴歐晉德，按照目前的進度大約要一個月才能將垃圾剷除……

每一次颱風過後，台北市市民的生活多多少少都會受到影響，但沒有一次像「納莉風災」那麼嚴重。

納莉一天雨量，等於歐洲一年雨量

納莉颱風帶來的累積雨量超過一千公釐，是台北地區歷年來降雨最多的一次。這麼龐大的雨在一天內釋放出來，歐晉德形容相當於歐洲一年的降雨量，難怪台北市無法承受。

納莉帶來的災情範圍廣且嚴重，有土石流、積水、溢堤、道路中斷、停水停電、電訊中斷，有大批的災民須撤離收容等情況，幾乎集都市可能發生的災難於大成。

它造成生活上的不便難以言喻。

有人家裡淹水了，導致家具損壞；有人搭捷運受到影響，上班遲到；出門觸目所及都是垃圾，不但影響市容，也改變市民的生活秩序。

有媒體形容這是台灣近五百年來最大的風災，它帶來的「垃圾」量尤其驚人，連平常不容易出現的櫃子、桌子、椅子……全都出籠；由於垃圾量太多，很多住高樓的人乾脆直接把垃圾往下丟，可見大家都把公眾場所當成垃圾場了。

台北市政府處理過很多危機，卻第一次因「垃圾」面臨考驗。

誰可以忍受跟垃圾相處一個月？

歐晉德的第一步當然是清垃圾。台北市每天平均的垃圾量約為三千七百噸，隨袋徵收後減為兩千四百噸；納莉颱風過境的第一天就清了五千多噸，是平常的兩倍。隔天，歐晉德特別搭直升機鳥瞰台北市的南港區、信義區，但奇怪的是，他們這麼努力清垃圾，卻沒有改善，從空中看到的仍是滿坑滿谷的垃圾。

歐晉德找環保局局長商量，「這恐怕需要日夜清理才行。」他同意把沒有淹水地區（像萬華區、大同區、士林區）的垃圾車全部調過來幫忙，這一天清了七千多噸的垃圾，是平常的三倍量；第三天，他再搭直升機了解狀況，結果跟前天一樣，絲毫沒有進度。

他以往處理危機的經驗是，「三天七十二小時是臨界點，民眾的耐心經過七十二小時後，不管救人還是救事，一定會受不了。」果不其然，第四天，民怨四起，大罵市政府沒做事，清潔隊則大喊冤枉：「我們不但很賣力，而且夜以繼日。」

但，為什麼還會這樣？

他後來注意到垃圾的清除問題：垃圾上車大約需要五到十分鐘，速度很快；但垃圾車進入擁擠的市區，速度則變慢；開到山豬窟（垃圾掩埋場）傾倒再回市區，來回需要兩個多小時。

市政府的同仁告訴他，按照目前清垃圾的進度大約要一個月才能將垃圾剷除。歐晉德想，如果真的是「一個月」，那就慘了，台北市市民絕對受不了。

對他來說，當務之急是縮短倒垃圾的時間，才能達到恢復市容的目的。當傳統的做事方法遭受挑戰時，這表示非得用其他作戰策略不可了。

隨機應變，不排除任何可能

有人建議他先找個「中繼站」堆放垃圾，等恢復市容，再處理中繼站。這是可行的方法，問題是，大台北市有哪些地方容許他堆放又多又臭的垃圾？

當時松山區區長跟他說：「歐副啊，台北市立棒球場現在空著，把它拿來堆放垃圾吧！」他一聽，嚇了一大跳：「這開什麼玩笑，棒球場耶？那個地方在南京東路和敦化南路的交接口，是台北市精華地帶之一，要在那個地方堆垃圾怎麼可能？不行，不行，絕對不行。」他一口回絕，語氣非常篤定。

其他人提議：「或者把市政府旁邊的停車場用來堆放垃圾，可行嗎？」歐晉德更吃驚，「我的天啊，台北市政府？我有沒有聽錯？這怎麼可以呢？」

他雖然否定這些提議，但對他們願意提供意見都表示很感謝。不過，這些建議突然讓他想到南港經貿園區的重劃區，那裡剛施工，整塊地空著，應該可以暫時堆放垃圾，而且從南京東路到南港的環東路剛完成，因為伸縮縫還沒做好，所以目前還不能通車。但如果鐵板一蓋，卡車就可以過去，更何況這條路不會有交通阻塞的問題。信義區和松山區的垃圾經由環東路到經貿園區，只要十五分鐘，比原來多出四、五輛卡車的效率。

以團隊合作的精神，在短時間內恢復市容

歐晉德馬上開車到南港觀察地形，覺得動線可行，先請工務局和負責重劃區的地

政處配合，再跟新工處的莊武雄處長說：「你可以幫我把這條路打開嗎？我只讓垃圾車跑。」他很幫忙，馬上問：「你什麼時候要？」歐晉德說：「可不可以在下午四點鐘以前把這塊地整理出來？只要台北市的街道清乾淨後，我在幾天之內一定原狀歸還。」他回答：「沒問題，下午四點鐘，垃圾就可以運進來了。」

那天早上下著毛毛雨，但新工處非常配合，下午四點以前就把這塊地整理出來。為了加快速度，他不但調度所有的資源，還動用私人關係，請營造公會理事長潘俊榮幫忙調東部、中部、南部的大卡車北上協助；他的動員能力很強，一下子就找來兩、三百輛大卡車，甚至連台新銀行吳東亮董事長夫人彭雪芬女士也出錢出力調度幾十部卡車及怪手協助。

但是，台北市突然多出這麼多輛的大卡車，「交通阻塞」卻成了另一個問題。他找建管處、公園處、衛工處這幾個學工程的處長，分別指揮卡車和怪手的運行和操作動線，並請警察局配合指揮交通；南港工業區則派了三部怪手，將倒進來的垃圾整平，讓車輛可以不斷進來，流程井然有序。

他們徹夜運垃圾，一天清一萬多噸，終於有一點成效了。

他記得信義區的黃區長是個女士，她非常擔心垃圾清不完，從早忙到晚，後來因體力不支，送進醫院打點滴，打完再回來工作，「我看她這麼積極、這麼投入，心裡非常感動。」

運用「中繼站」的思維，讓危機降到最低

不過，這樣的動員雖然增快不少速度，但還不足以立即清除，市民還是得每天面對堆積如山的垃圾。最後不得已，歐晉德只好把之前否決的「中繼站」方案拿出來使用，狠下心動用位於台北市精華區的市立棒球場和台北市政府前廣場，因為垃圾送到棒球場或市政府前廣場大約只要五分鐘而已，「我想先『恢復市容』，把街頭巷尾的垃圾全清乾淨，當市容恢復了，市民的生活步上軌道後，再慢慢清理『中繼站』的垃圾問題。」

當歐晉德請停管處把市政府前的停車場弄出空位「準備」一下時，他很驚訝，「他的反應跟我當初的反應一樣：『真的嗎？這很嚴重耶！』」歐晉德只好用略帶安撫的口氣說：「你清歸清，我不到必要時候不會用，我把它放到最後面，非不得已時

才用。」

決定先用棒球場後，開卡車的司機發現車子根本進不去，「歐副，這怎麼辦？怎麼解決呢？」

有人建議他，「乾脆把圍牆打掉，反正早晚都要拆！」沒錯，當時棒球場正在拆建，他認為這方法可行。立刻打掉圍牆，馬上多了幾個出口，但由於棒球場裡的凹陷積水很深，張榮珍理事長就協助「鋪鋼板」，讓垃圾車可以直接開進來。

市政府工作同仁連夜調了七、八部挖土機和鋼板鋪路，那時東星大樓的磚塊還在，他就調那些磚塊把凹陷積水的地面填平，上面再放鋼板，這麼一來，一次可以進出四、五輛大卡車，垃圾運進棒球場的問題就解決了。他們在十天之內清除約台北市一百天的垃圾量。

不過，棒球場靠近台北體院，此舉引來校方的抱怨：「臭氣沖天啊，垃圾太臭了！」歐晉德只好打電話給校長：「這是天災，不得不的權宜之計，請大家共體時艱，我保證處理完垃圾之後，三天之內體育場恢復原狀。」

那一個禮拜，棒球場頓時變成垃圾場。每位到棒球場拍垃圾山照片的媒體記者，都嚇壞了。

終於，一個禮拜之內，他們把台北市街道巷弄的垃圾全部清理完畢，恢復了市容。

然後，他們靠著兩、三百輛卡車把市立棒球場的垃圾送到山豬窟，三天內將垃圾完全處理完畢；接著把棒球場內一公尺的土挖掉、消毒，鋪上新土，讓它恢復原狀。有些晚到的記者想拍棒球場的垃圾山，結果一看，不見了，全都清完了。才不過三天而已，他們很快的把危機化解，這是市政府團隊合作的例子。

此外，納莉颱風也造成捷運南港線變成一條「大水溝」，造成捷運停擺，八十萬捷運通勤族擁向地面，嚴重衝擊台北市交通。為了解決這個問題，歐晉德主持的專案小組日夜開會，尋找最快讓捷運恢復通車的方式。至於對策，也是採用「中繼站」的方式，最後只花三個月時間就讓捷運通車；這份驚人的成就還引起國外的重視，紛紛邀請歐晉德傳授台北市的緊急應變經驗。

在處理垃圾的經驗上，他深深的體會到，「恢復市民的生活秩序」一定得擺在最優先處理的次序上。當傳統的方法無法解決時，指揮官得立刻想出取代方案，像這次以「中繼站」兩段式切割處理，就讓危機降到最低，也許這個方法可以提供給大家參考。

採訪後記——

我發現歐晉德非常重視「市容」和「景觀」。

有一次聊天，他問，有沒有注意到，台北市幾條重要道路有些「變化」？他指的變化是「台北變美了」。

某天他經過仁愛路、敦化南路一帶，發現安全島上矗立著用樹剪成的動物造型，周圍襯著一朵朵大小一樣且漂亮的花，他覺得美極了，在車上立刻打電話到市政府相關單位讚美他們美化市容的用心；那位負責栽種的同仁說，那是花了一年多的時間栽種的：「能得到副市長的稱讚，非常有成就感。」

這讓我再度印證他對「景觀」的重視。

在談納莉風災時，當時最大的問題是基隆河在南港的堤防尚未完成，大雨來襲，過量的雨水超過預定高度造成大患；為了以防萬一，市政府決定蓋堤防，把那個缺口封起來，「但我對這個決定很猶豫，」他說：「南港的大坑溪是一條景觀很棒的河流，但市政府為了抵抗兩百年才有一次的洪水，把那個堤防加高，我覺得太可惜了。」

他也問自己：「你是要防範納莉風災，每天看圍牆；還是忍受風災，每天看一條美麗的溪流？」這種得失很難衡量。

景觀很重要，如果沒有加高堤防，住戶每天都看得到河川，這是賞心悅目的事；但加高堤防後，住戶變成天天看圍牆，感覺像住監獄。可是如果不加高堤防，就無法防止像納莉這樣的水災，因為只要再來一次，將造成很大的損失。這是一種取捨，最後做的決定雖不如他的意，他也只能以「兩害相權取其輕」自我安慰了。

政治不能凌駕於專業之上

遺憾的是，政治人物成功的操縱語言，使得政治語言比專業知識易懂；這種「政治凌駕專業」的作法一定要被檢討，否則，這將會是台灣的另一場災難。

歐晉德離開台北市政府到智慧卡公司後的某一天，一個二十多年前的老朋友到辦公室找他談事情，後來不知不覺談到台灣近年來的發展，這位朋友忍不住抱怨「政治亂象」，包括政黨的意識型態、族群、政策還有政治人物……

歐晉德很同意也很感慨，他說，一九七三年，他剛從國外留學回國，懷抱著滿腔熱血，一心一意想著如何奉獻自己的所學，跟他一樣有抱負的年輕人也紛紛回國投入各領域。那時台灣國民所得只有兩百八十三美元，可是他們覺得台灣是一個充滿希望的寶島，大家努力做建設，他在工程建設的領域一有心得，馬上寫論文發表，希望與相關人士分享，就是希望台灣愈來愈好。

當時台灣在科技上的成就也很驚人。三十年前，在李國鼎、孫運璿等科技先驅的號召下，年輕有為的青年投入高科技資訊工業；到了二〇〇〇年，台灣的筆記型電腦、DVD產品在國際上占有非常重要的地位，有些產品甚至占全球一半的市場，像筆記型電腦可以帶進約一百億美元的產值，是個非常有競爭性的產業。

然而，我們珍惜這些成果了嗎？「現在猛然回頭一看，不管工程界或科技界，過去大家的努力卻常常輕易地被一句政治話語給毀了！唉，你看著世界往前走，我們卻往另一個方向走，說來令人唏噓。」

他告訴這位朋友：「我也非常憂心台灣的政治現象，任何一件事，只要加入政治因素，結果都變了樣。」

自從擔任台北市副市長之後，歐晉德親身經歷一些政治干預專業的問題。他舉二〇〇二年台北的旱象給朋友聽，「這雖然只是冰山一角，但絕對值得重視。」

兩大水庫用水，關係民生問題

二〇〇二年二月二十七日，台北市政府的市政會議中，翡翠水庫管理處的同仁拿出氣象資訊的資料，以他們的專業判斷提出「乾旱危機」警訊。因為從過去幾個月所做的數據顯示，翡翠水庫的水即將降至「呆水位」；若再不下雨，台北即將面臨缺水的命運。

馬市長立刻警覺「缺水」可能帶來的嚴重性，決定在媒體上提早發出呼籲，希望民眾節約用水，並提出後續限水措施。

這是正確的危機預防方法。

但在馬市長提出呼籲後，卻有人「轟」他庸人自擾：「哪裡有缺水問題？台北市根本是『擁水自重』。」還有人隨便批評：「翡翠水庫是把水拿去發電了。」甚至有官員問：「什麼叫『呆水位』？呆水位以下的水為什麼不能取來用？」

他一聽，一時之間也「呆」住了。所謂「呆水位」的「呆」是從英文Dead（死）翻譯過來的，也有人直譯成「死線」；表示遇到「呆水位線」就取不到水用，如果取水會破壞水庫生態，後果非常嚴重。他們提出的疑問，只要是專業人士都可以輕易解釋，「我不知道這些人士真不懂『呆水位』還是故意誤導民眾？還有翡翠水庫的情況，只要用水它就會發電，哪有發電去用水的？」

另外，翡翠水庫（供應台北地區的民眾使用）在管線設計上得固定供應百分之二十四的水給石門水庫（供應桃園地區的民眾使用），而石門水庫集水區的水是翡翠水庫的兩倍，但石門水庫的水卻無法供應翡翠水庫的不足，「台北市哪可能『擁水自重』？」

歐晉德以往所待的都是工程專業單位，甚少與「政治」接觸，對於馬市長提出單純的「呼籲」卻遭到砲轟，覺得不可思議。

但很不幸的，在台灣政黨對峙的時候，專業問題常被犧牲了，實際的問題反而不被拿出來做理性討論……

政治口水，淹沒專業

台北市政府一方面要面對政治的「口水」，另一方面得持續關切台北的「用水」，並隨時呼籲市民節約使用。

然而，即便節約用水產生了效果而且也實施限水，但乾旱的趨勢並沒有紓解。台北市政府覺得很嚴重，翡翠水庫已經漸漸接近「嚴重下限」了，只好實施分區停水——因為台北一旦遇到水荒將比任何地區都嚴重，原因在於翡翠水庫都是民生用水，不像石門水庫若民生用水缺乏還可以考慮限制農耕或工業用水。

由於乾旱持續，台北市從二〇〇二年一月到五月支援桃園的用水量是過去的一點五倍；可是台北市支援桃園的同時，自己卻限水，如果不是這樣的話，石門水庫早就進入呆水位。中央單位雖然也開「全民用水」會議，結果並未立刻限水，還說「北部沒有水荒的問題」。

這下歐晉德甚不以為然，他比喻：「好比說這人已經『病入膏肓』了，你還說『沒事沒事，不用緊張』。」令人不平的是，台北市拚命省水還給別人水喝，部分主管單位卻說用水沒問題。

但是，政治口水並沒有因為乾旱即將來臨而停止，歐晉德不得不在代表市長出席行政院院會時，把兩大水庫每個月的下降程度和僅存儲水量的資料提出來，希望大家能客觀判別。

危機處理，最壞示範

中央政府旱災應變中心五月一日宣布五月三日實施夜間減壓、停止工業用水，五月十六日表示：「最近因下雨情況不如預期，經審慎評估，為保守起見，五月十八日開始實施限水措施。」

五月十六日已經很嚴重了還要再等兩天，直到五月十八日才決定週六、日停水，這時石門水庫的水只剩五百六十六萬噸，石門水庫的供應水區一天要用四百萬噸，大概一天半就用完，已經「極危險」了。

歐晉德認為，這樣處理國家政策，恐怕是不好的示範案例。

值得慶幸的是，五月十八日下了一場大雨，石門水庫的水位開始上升，稍微減輕旱象。

歐晉德說：「還好老天爺可憐台灣，如果當時台北市不做節約調度，將有六百萬人沒有水喝，老天爺不下雨怎麼辦？」

抗旱期間還發生一段插曲，當時遇到端午節，水利單位說為了體恤桃園民眾，所以當天不限水，但與此同時卻給台北市一份公函：「由於水仍然缺乏，希望台北市仍然供水給桃園地區，而且增加供應……」這不太符合防災邏輯。

事實上，五月十三日，市政府宣布「供四停一」分區限水，爭取到苦撐的時間。如果沒有停止對游泳池、洗車業等用水大戶停止供水，加上提早啟動的分區限水，翡翠水庫早在六月十二日就降到「呆水位線」了，根本等不到日後的及時雨。

這次的抗旱，如果沒有大台北地區民眾節約用水的支援，石門水庫恐怕難以度過難關，台北市市民的共體時艱不應該被忽視。

政治凌駕專業　是另一場災難

歐晉德一直以為「專業」才是所有事情的根本，他所做的決策也都出於專業考量，所以在抗旱期間他曾拿圖表給記者看，希望他們能了解市政府決策背後的專業性。沒想到有記者居然說：「歐副市長，這些圖表太複雜了，你只要告訴我們明天要不要限水就好了。」歐晉德感嘆：「如果連記者都不要這些專業，市民怎麼會了解？」

遺憾的是，這幾年的政治發展，政治人物成功的操縱語言，使得政治語言比專業知識易懂，甚至專業知識一般人也不愛聽。

不過歐晉德不甘心，他在抗旱結束之後，再度把整理出來的圖表和資料拿給記者們看，總計台北市從一月一日到六月三十日支援桃園縣的水量高達四千八百一十萬噸，「最簡單的數學，扣掉這些水，石門水庫早在五月十日就進入呆水位了。」這回記者們一目了然，對市政府過去半年處理旱災的作法都沒話說了。不少記者告訴他，這件事已經過了新聞熱度，不可能再寫出來報導了，他說「沒關係！」，但他期許記者要有專業素養，才能釐清政治和專業的分際，做出正確的報導，同時也希望政府或民眾都能在這次旱災中，學得寶貴經驗，不要再重蹈覆轍。

儘管這段抗旱過程讓地方和中央為了限水措施不同調，口水不斷，鬧得滿城風雨，但他對於市政府團隊重視資訊和規劃，以及就現況和資源，找尋最可能的解決方式所發揮整合資訊及研判能力，讓台北市市民安然度過限水期，依然感到欣慰。

乾旱過去之後，媒體的民調數字顯示，台北市市民對馬市長和市政府的滿意度高達七成四，「我對這結果感到很欣慰，由衷感激市民對我們的肯定。」

但事後他跟馬市長說，這種「政治凌駕專業」的作法一定要被檢討，不然，這將會是台灣的另一場災難。

採訪後記——

我採訪歐晉德期間，一直有個新聞話題繞著他——歐晉德會不會參加「台北市市長」選舉？

我知道他不熱中政治，但還是忍不住替很多朋友問了他的意願。他猶豫了好久才回答：「我想為國家社會奉獻的理想從來沒改變，但對『政治』和『選舉』，我有疑惑。」我把他的「疑惑」解讀成「不內行」，他點頭表示同意：「對啊，我的確不在行。我每次看到那些人在台上滔滔不絕的，辯才無礙的一直說話，我就想，我怎麼可能做到那樣？」

但那段期間，勸進者不斷。台大農經系副教授孫立群還幫他領表，歐晉德很清楚，只要點頭，就有數不清的人像孫立群一樣幫他抬轎；但愛工程不愛政治的歐晉德，還是毅然決然婉拒了。「我有一些長處，也有一些強項，你們卻要我最弱的一環拿出去跟別人競爭，這不是很奇怪嗎？我不喜歡在台上搖旗吶喊，我喜歡大家坐下來一起討論問題，然後一起去解決。」

後來聽聞高鐵有意找他擔任執行長，他似乎心動了，最後定案了。

我問他，當你眼前有兩個選擇，一是台北市市長，一是高鐵執行長，你會怎麼決定？他轉個彎說了一件事：有一天，一位國民黨高層告訴他：「出來吧，只要你成為我們的代表，鐵定是下一屆的台北市市長。絕對是的，因為台北市政黨板塊太明顯了。」然而，這位高層萬萬沒想到，這句話反而讓歐晉德打退堂鼓：「我心想，只要一個人出來就是台北市市長，那麼是不是我根本不重要啊！這職務並不是非我不可嘛！與其站在馬路上請託拜票，還不如以所學貢獻國家。」相較之下，高鐵的「執行長」更接近他的專長：「因為在專業上、在團隊整合上，我覺得或許還可以奉獻一己之力；但在政治方面，很抱歉，我覺得自己沒有魅力，能力也不足。」

我曾閱讀過一篇報導，內容是說：二〇〇六年十二月七日台灣高鐵舉辦板橋站啟用典禮，蒞臨現場的中央政要、立法委員、局處首長，全都爭取在媒體鏡頭前難得的曝光機會；然而，職位僅次於董事長殷琪之下的歐晉德，卻低調地站在台下鼓掌。典禮結束，一大群媒體簇擁著殷琪和台北縣長周錫瑋到地下月台參觀，了解未來通車後的乘車動線，歐晉德還是沒跟上去，一個人遠遠地落在後面，找來站區保全人員，交代尚未完成的工程收尾工作。

很少人知道，歐晉德最崇拜的偶像是一百多年前協助孫中山創立中華民國的黃興。在辛亥革命的歷史轉型中，黃興是孫中山的最佳配角。十一次揭竿起義，黃興無役不與，而且身先士卒，置個人生死於度外；革命成功之後，黃興不謀一官半職，只要兩匹馬回鄉，離去前寫下的「成功不必在我」，也成為日後歐晉德的座右銘。

就如同歐晉德當年銜命擔任台北市副市長，即使妥善處理了九二一大地震、納莉風災、SARS疫情和街頭抗議，被記者封為「救難英雄」及「台北市政府最適任首長」，但只要有馬英九在的場合，他總是選擇退後一步，把光環歸給馬英九。如今，他轉任高鐵執行長，態度依舊。

我很認同那篇報導。

我記得有一次收看李豔秋主持的政論節目「新聞夜總會」，主持人列一堆名字，問來賓誰最能幫馬英九加分，當時台大哲學系教授林火旺就點出歐晉德。他說，九二一大地震發生後，歐晉德第一時間趕到東星大樓的倒塌現場，指揮坐鎮；事後很多人為他冒著生命危險進出大樓搶救居民的表現很擔心，「如果進去出不來，怎麼辦？」他說歐晉德一心想扛下所有的責任，「我當時下定決心，由我來負責；如果處理不好，我下台，這樣至少可以保住馬市長。」因為他真心認為，馬英九是未來國家領導人物，絕對不能讓東星大樓倒塌事件影響他的政治前途──那是一九九九年的事，馬英九才剛上任台北市市長不到一年。林火旺說，這樣一位肯為長官犧牲性命的人，絕對可以為馬英九加分。

歐晉德進入高鐵的消息曝光後，周圍有不少人反對，不只是通車延期的壓力，特別在政黨對峙的當下，稱得上「馬團隊」代表的歐晉德投身被貼上民進檔標籤的高鐵，的確牽動了敏感的政治神經，但他勇於前往。

在高鐵尚未通車營運前，歐晉德感性的說，目前的高鐵像破曉前的天空：「我最大的任務，是陪高鐵員工撐過這一段黎明前的黑暗。」他期許高鐵在交通史上邁向一個全新的里程碑。

要隔離一千多名醫護人員，還是保護兩百六十三萬市民？

在這麼短的時間之內要封院，市政府確實有為難之處，所做的每個決策都倍感壓力，但同時得積極處理各種需求……

還記得SARS嗎？二〇〇三年四月下旬，春夏交接之際，SARS侵襲全台，成為台灣近半世紀以來最嚴重的一次疫情。

雖然事過境遷，但實際參與抗SARS的歐晉德談起這一段往事仍印象深刻。

SARS從廣州開始，凡經過必留下疫情

話說，SARS在台灣感染前兩個月，已在其他地方擴散開來。

二月二十一日，一名六十四歲來自廣州中山大學的劉教授到香港參加一場婚禮，下榻於Metropole Hotel的九一一號房。到了旅館後，他曾和弟弟一起出去逛街，隔天，突然身體不適，住進了醫院，而他到香港之前曾看過一個疑似SARS（後來證實）的病人。

四天後，一位美裔華人從香港飛往河內，幾天前在香港跟劉教授住同一個旅館，而且也住九樓，房間就在劉教授的斜對面。抵達河內後，他開始發高燒、咳嗽，住進當地最好的一家法國醫院；WHO（世界衛生組織）駐河內的代表Dr. Carlo Urbani特地到醫院探望他，並警告WHO，這可能是一種特殊病症，需要特別注意。

沒多久，河內這家法國醫院發現有二十二名醫護人員感染呼吸性疾病；再隔一天，WHO的代表從河內搭機到曼谷參加會議，一下飛機就因身體不適住院，並在兩個禮拜後宣告不治。

於是WHO發出全球性的警急通告，正式命名這神祕性的疾病叫SARS（嚴

重呼吸器官症候群），聲明這將是一種威脅健康的全球性疾病，同時制訂什麼叫「疑似」、「可疑」等名詞。

值得一提的是，曾與他們一同住在旅館九樓的旅客分別到香港、新加坡和越南後，引發當地的感染，而劉教授也在香港病逝。

「我特別提出這些過程，用意是說明，即便WHO的官員，他自己發現、自己提出警告，卻難逃一劫。」這使得包括歐晉德在內的市政府同仁在處理SARS時，心情沉重，壓力極大。

三月八日，勤姓台商從廣州回到台灣，因呼吸性感染住院而引起注意；不過台北市的疫情在四月二十二日台北市立和平醫院爆發七名醫護及行政人員疑似集體感染後才開始。

在不清楚來源的情況下，應當機立斷，先切斷傳染源

SARS在台北傳開來後，歐晉德和馬市長、衛生局局長、和平醫院院長以及一

些相關人員一起開會討論疫情。

他們從以上的經過，得到關於ＳＡＲＳ具有「來歷不明、傳播快速、治療不易、可能致命」等特色的訊息。

會議中，歐晉德問和平醫院院長：現在醫院的病人加上醫護人員和上班的職員，一共有多少人？

他說，超過一千人。

歐晉德算一算，如果這一千多人出去，每一個人接觸三個人就多了三千人傳染；這三千人再接觸三個人就多了九千人傳染……如此「繁衍」下去，台北市豈不「淪陷」？他很擔心這些人並不知道自己可能為帶原者或在潛伏期，有可能變成另一個帶原體。

過去處理危機時歐晉德一再強調，攸關「人命」的問題，一定要當機立斷，不得延誤、不能猶豫，一旦遲疑，它可能加倍感染，後果不堪設想。他認為在大家都不了解疫情的情況下，為了防止它散布，只有「切斷感染源」，才能將危機降到最低。所以他提出及早「封院」的措施——將一千多名醫護人員及工作人員「完全隔離」，才能防止情況惡化，進而保護兩百六十三萬台北市市民的安全。

馬市長同意他的看法，其他人也沒意見。

於是市政府做成「封院」的決策。

提出策略，以最快速的方式執行

在討論中午封院還是晚上封院時，他們有許多考量。

中午封院雖然快速，但少了充分溝通，可能引起爭議，不過由於提早控管，可以有效控制傳染源散布；晚上封院的優點是延長溝通時間，準備作業比較完整，缺點是若汙染源擴散，得花更多時間補救。如果中午發布消息，晚上再封院，從醫院出去的人勢必增多且不願回來，感染一定擴增。在「兩害相權取其輕」的原則下，大家同意「迅速行動」。

歐晉德的構想是即刻起「限制病人轉診」，同時把這一、兩天到過「和平醫院」的人，包括接觸的員工和醫護人員都隔離，即使已經回到家的人都要回來報到，並管制所有進出醫院的病患，讓整個醫院變成一個大的隔離病房。

歐晉德特別強調「限制轉診」是因為台灣自從有健保之後，出現一種他稱之為「Hospital Shopping」（看病像逛街）的現象，就是這一家醫院看完不放心再到另一家醫院看病，一天可以跑好幾家醫院，間接造成很多醫院的汙染。由於SARS有幾天的潛伏期，醫護人員也不知道自己到底被誰感染，所以必須先把可能感染的人隔離起來，再清理醫院，當然這行動愈快愈好。

提供充分資源，當作被隔離者的後盾

在這麼短的時間之內要封院，確實有為難之處。封院期間，尚要照顧院內被隔離人員的安全，市政府所做的每個決策都倍感壓力，但同時得積極處理各種需求，包括集中資源照顧這一千多名醫護人員，像是準備睡袋、防護衣；還有照顧居家隔離的三萬多人，例如飲食，他們每天派人送便當，如果有人不喜歡，還要幫忙買菜……

此外，市政府針對萬華地區居無定所的遊民加以管制照顧，為了安定社會民心，市政府決定安排一個營區給他們住。

歐晉德先請當時工務局的陳威仁局長先到營區勘查地形，他回來後說：「歐副，營區可以用啦，不過，你先看看我的情形……」他拉開褲管，歐晉德嚇了一跳，反問：「你為什麼穿一雙紅襪子呢？」他苦笑不已，「歐副，你再看清楚一點！」原來營區荒廢很久，蚊蟲叢生，裡面的跳蚤把他整隻手臂和腳咬得密密麻麻，滿布的紅點看起來就像穿上紅襪子。

但為了台北市市民的安全，歐晉德還是得麻煩市政府同仁咬牙行動，在三天之內把營區清理乾淨，用鐵絲網圍起來，外面種花蒔草，房間內甚至裝冷氣，一切準備妥當後，再一一請遊民住進去，並加派醫護人員陪同，幫他們量體溫、檢查身體。

結果，過了十四天，他們身體狀況沒問題之後，遊民居然自願留營，不肯走哩！這是SARS期間有趣的小插曲。

民間企業，愛心不落人後

由於SARS來得突然，很多東西準備不及，民間企業這次則幫了大忙。

當時大家對ＳＡＲＳ完全不了解，有人傳說ＳＡＲＳ可能透過空調系統傳染；為了慎重起見，和平醫院都不敢開空調，連窗戶也不敢打開，深怕病毒飄出窗外造成社區感染。這時在裡面協助他的璩大成說：「我們需要兩百台電風扇。」

「我一下子從哪裡弄兩百台電風扇呢？」他打電話給大潤發求救，電話那端給他的感覺是可以想辦法弄出來，但歐晉德說：「我現在不確定有沒有錢，因為ＳＡＲＳ是意外，目前沒有經費……」他還沒解釋完，大潤發的總經理魏正元就說：「沒關係，我們送你！」他們當天就把電風扇送過來，而且完全配合醫院的時間，讓他非常感動。

有個企業家事發後立刻捐了一億元給台北市政府。他說：「以前和平醫院醫治過我，我現在願意回饋。」那一億元幫助他們做很多事，因為按市政府的行政程序，公文往返需要冗長的時間，有了這筆捐款，市政府就可以解決燃眉之急，像添購隔離病床、買體溫計等等。

台北市市民，一流表現

可取的還有台北市市民。遇到ＳＡＲＳ這麼大的恐慌大家都願意支持市政府的政策，例如量體溫，大家都配合量；戴口罩，大家都戴；被隔離的人願意犧牲自己的自由不妨礙到他人。

被隔離的人在裡面願意想，自己在做一件善事，而不是「被隔離」；在外面的人願意想，他們為我們犧牲，我們更應該把環境弄好。所以在外面的人應該為被隔離在裡面的人做一些服務，「我知道很多市民都從這個角度出發，這社會怎麼會不好？」

檢討與改進，讓下一次危機處理更快速

ＳＡＲＳ結束後，歐晉德對整個事件的反省是，他沒有在香港、新加坡發生感染時，立刻追蹤它的發展；他當時的直覺認定那是衛生局的事，在反應上就失去先機。

ＳＡＲＳ稍微平息之後，歐晉德帶了一些市政府同仁前往亞洲各國考察ＳＡＲＳ

防疫工作，他發現他們和台灣一樣，最嚴重的傳染地方都在醫院（當然，人發燒，一定去醫院，一到醫院當然接觸醫生、護士，還有陪伴的家屬），而他們一樣採取「隔離」的方式。當地社會固然對醫院有所抱怨，「但沒有人像台灣，把責任全部推給醫院，怪罪院長、醫生，這是相當不公平的。」他在其他國家訪問衛生單位時曾問：「你們是否對醫護人員做出懲處？」各國官員都愣住了，覺得這是十分「奇特」的問題。

他再看看其他國家SARS疫情處理的情形。台北市從第一病例到疫情解除一共經歷了一百二十天（多倫多一百三十天、香港一百二十三天、新加坡九十一天），台北市的致死率是十一點四九（香港是十六點九八、新加坡是十五點五三、多倫多是十點八五），台北市的死亡人數是三十（香港兩百九十八、多倫多三十八、新加坡三十二），這些數據都說明台北市的疫情控制不算差。

現在回想起SARS，他還是覺得當時立即提議「封院」的決策是正確的，因此有效控制疫情的散布。

採訪後記——

歐晉德處理SARS跟處理九二一大地震的心情很不一樣。在東星大樓倒塌現場，家屬曾幾度對他的決策提出質疑，甚至破口大罵，但是他很清楚自己做的每一個步驟是什麼，因為工程是他的專長，因此面對誤解不但不生氣，還可以解釋道理給大家聽。但面對SARS，他一無所悉，心裡也充滿疑惑和焦慮，所以在一次與家屬的對話中，他的情緒失控了。

那是和平醫院隔離的第二天（四月二十七日），就在醫院門口，有位民眾憤怒地指著他的鼻子喊：「你把我們的家屬關在裡面，你就是要他們死在裡頭……」歐晉德覺得這話完全不是事實，雖然他體諒家屬的焦慮，卻忍不住大聲回了一句：「你不要胡說，他們需要的是支持，如果你的罵對和平醫院隔離的人有幫助，只要能救一個人，我都可以接受……」現場氣氛頓時變得火爆。其實他知道民眾陷在恐懼裡，難免因緊張憂鬱而無法控制情緒，當時他所能做的就是避免疫情擴大，所以才心煩的回那一句。

但他太太看到電視畫面覺得很不妥，馬上打手機給他：「你實在不應該生氣，民眾生氣是因為他們不知道該怎麼辦，如果你這指揮官也跟著生氣，豈不是跟一般民眾一樣？你應該馬上跟大家道歉才對！」他聽太太這麼一說覺得很慚愧，因此趁下午的記者會召開前鄭重跟大家道歉。

因為指揮官是救災現場的精神領袖，其言行舉止都會左右部屬、家屬的心情和期待；如果指揮官與群眾當面起爭執，不但無濟於事，還可能引起群眾更大的反彈。

他提出這個例子，是希望不要有人再重蹈覆轍；因為領導者忌諱與民眾直接衝突，這是一個錯誤示範。

SARS・專業・公信力

當時整個社會及和平醫院的氣氛，都缺乏信心和士氣，大家不僅需要專業人士，更需要「值得信賴」的人掌控大局，找到「最佳人選」才能「裡應外合」！

SARS對台北市市民來說是個恐怖的記憶，對全世界也是如此。沒有人知道它是怎麼傳染的，沒有人知道該怎麼治療；不但台灣的醫生不知道，全世界的醫生也不知道。過去的危機事件，市政府團隊都可以在最快速的時間內提供正確的資訊，協助最前線的指揮官作戰，但SARS卻例外。

裡應外合，也要專業

這麼難以捉摸的病毒傳到台灣之後，首當其衝的和平醫院因封院變得兵荒馬亂，歐晉德向馬市長建議：「讓我進去！院內有這麼多醫護人員，他們需要穩定情緒，如果有市政府官員在場，效果應該會比較好。」

但馬市長說：「歐副，救災方面你一直都處理得不錯，但這一次是醫生的事，你不是醫生，萬一進去被感染了，怎麼辦？豈不是造成另一個問題？而且，外面很多資源需要調度，你還是留在外面跟我配合比較好。」

簡單的說，缺乏專業的人進去，容易增加別人的負擔——這一點他同意，但是，他們仍然需要找醫學專業的人進去，這樣才能「裡應外合」。

這時，他想到仁愛醫院的副院長璩大成。

歐晉德生病到仁愛醫院掛急診時，璩大成是急診室的醫生，他們「合作」過幾次，他覺得這醫生反應很快，應該可以跟他搭配。

馬市長和邱局長都同意，歐晉德就打電話問他：「可不可以進去和平醫院當作溝通橋梁？」璩大成說：「我願意進去『幫忙』，但可能無法『掌控』整個醫院，畢竟和平醫院裡還有吳康文院長，而且我是外來單位的人。」

歐晉德告訴他，沒關係，就算幫忙也需要「專業」人士。璩大成馬上答應：「好，我立刻回去收拾東西！」當時是四月二十四日下午一點多，剛宣布和平醫院封院後不久，璩大成三點就帶著背包到和平醫院報到。

璩大成願意進去，歐晉德很感激，但歐晉德也思考他所說的問題——畢竟他是外來單位的人。

除了專業，還要公信力

而遠在花蓮慈濟大學任教的葉金川根本不知情。他在花蓮沒看電視和報紙，完全不知道和平醫院因SARS封院的事。

四月二十六日，和平醫院封院第三天，適逢星期六，葉金川從花蓮返回台北。當天，和平醫院的一位醫護人員打電話給他，希望他出面幫忙，這時葉金川才開始找報紙、看電視、上網，同時蒐集香港和美國疾病管制局的資料，終於明白有SARS這回事，而且大致了解傳染途徑。

葉金川尊重行政倫理，先問衛生局局長邱淑媞需不需要幫忙，邱局長把這訊息轉告馬市長，馬市長回電話時已經是四月二十七日早上七點多，葉金川正在松山機場，準備搭機到花蓮教書。

「聽說你願意過來？可不可以『進去』？」葉金川和馬市長是建國中學同學、當兵還是同一排，兩人同念哈佛，交情匪淺。葉金川回憶當天的狀況說，馬市長開口前他就知道他要說什麼了。

「沒問題！」他立刻從機場趕到和平醫院。

歐晉德看到葉金川自告奮勇的那種堅定和勇氣，心底由衷佩服。他一定知道SARS的危險，但義無反顧，勇往直前，進去前還自我解嘲的說：「這種事當然非我莫屬囉！」歐晉德聽他這麼一說，心裡既感激又感動。

葉金川說「非我莫屬」，是因為他曾任衛生署副署長、中央健保局總經理、台北市衛生局局長，當他決定離開市政府回花蓮慈濟大學任教時，是他把邱淑媞推薦給馬市長；甚至他是和平醫院醫護人員的老長官，醫院裡的幹部大部分他都認識，完全可以統籌調度，更重要的是，當時整個社會及和平醫院的氣氛，都缺乏信心和士氣，大家不僅需要專業人士，更需要「值得信賴」的人掌控大局，深受信賴的葉金川，的確是「最佳人選」。

組織管理，分擔責任

二十七日當天，葉金川先跟三位美國疾病管制局的人進和平醫院，時間長達三、四個小時，他們知道葉金川即將是裡面的總指揮官，所以充分讓他了解醫院狀況。葉金川出來時還開玩笑的說，那三、四小時像是「三娘教子」，那三位去過香港和中國的美國疾病管制局人員，幾乎把他們所知道的「知識」完全傳授給他。

葉金川聽完「簡報」之後發現，封院的第二天，裡面該有的醫療用品都已齊全，經過一週的篩選，醫院裡「疑似」的個案一共一百三十多人，占總人數的六分之一而已。這個數據顯示，不是在裡面就會感染，他以專業判斷，整個SARS情勢並不像外界描繪得那般嚴重。

當時全世界對SARS都缺乏了解，但靠著被「信任」，葉金川穩定醫護人員的軍心。

葉金川進入醫院做的第一件事，就是「組織管理」，讓和平醫院正常運作。他把醫護人員分為八組：流病、檢疫、聯絡、治療、感染控制、人力動員、物資管理、公關，每一組設一個組長，各組各司其職。討論事情時，他就跟這八位組長開會，如此一來，每一小組都有人分擔責任，他就有多餘的時間處理院內的問題，把複雜的事情簡化。

這時歐晉德則是外面的總指揮，他將與醫院內的總指揮官葉金川相互支援。葉金川建議歐晉德每天早上十點半和下午兩點半透過視訊召開記者會，讓外界了解和平醫院的最新狀況，葉金川則透過連線解答記者的疑問，用意是讓資訊透明化。因為SARS是這麼難以捉摸的病毒，具傳染性，他們只有用召開記者會的方式，不斷的解釋，才能解除大家的疑慮。即使醫院還在感染，也要讓社會大眾知道，現在有專業人士在場，疫情正在控制之中。

在和平醫院部分，葉金川分別在早上七點和晚上九點各開一次說明會，宣布各種訊息，包括昨天已經做了哪些事情、預估今日要做哪些事情、目前院內感染的情形、疫情控制進展到什麼程度、病人及醫護人員如何疏散等等。

大概一個禮拜後，他根據院內「流行病學」趨勢，認為沒有新的個案，院內已經穩定了，就建議市政府把重點放在預防社區的感染上。

葉金川出來後，大家對於他的「義舉」非常感佩，但他只輕描淡寫的說：「如果裡面不控制好，我在外面也不見得安全啊！」

從SARS這件事，凸顯「專業」和「信任」的重要。如果一位領導者平常沒有「公信力」，那麼在救災現場就無法發揮作用，也無法達到預期的效果了。

採訪後記——

說起璩大成（現任和平醫院院長）和吳康文（當年和平醫院院長），歐晉德充滿著感激和抱歉。

他說，璩大成自願進入和平醫院沒多久，就接獲他們倆發燒超過三十八度的消息：「我一聽，心都涼了，如果確定他們兩個都得SARS，整個團隊的信心都會垮掉。」

歐晉德馬上打電話向台大醫院求救，那時台大已封院，不再接受病人，歐晉德一直懇求他們：「我知道，真的對不起，但這兩位目前是救災的指揮重心，無論如何，請你們一定要幫忙。」後來台大才網開一面。

歐晉德形容：封院後的台大醫院一片死寂，冷冷清清的，像個空城，他一個人坐在急診室裡，孤獨得像個無助的老人。

醫生檢查結果是：吳康文可能得SARS，得住隔離病房，留院觀察；璩大成沒事可以回去了。他立刻在公訓中心整理出一個單獨的房間把璩大成送過去，每天噓寒問暖，但三天以後，情況完全相反：璩大成可能得SARS，吳康文沒事。「我整顆心沉到谷底，因為是我叫他到醫院裡去的，萬一璩大成有什麼……我怎麼對得起人家？」直到璩大成治療成功為止，這段期間，歐晉德受盡折磨和煎熬。

後來監察院在研擬懲處市政府及相關醫護人員責任時，歐晉德在監察院拉高分貝據理力爭：「你想想，當時我請台灣最高明的醫生還有這麼多專家聯合會診還會誤判，可見SARS有多難判斷。」

後來吳康文醫生被懲隱瞞病情，面對懲處的壓力，他對歐晉德說：「我寧願自己得SARS，我現在好像是社會的罪人！」

直到幾年後，歐晉德談及吳康文，都還為他叫屈：「因為整件事，只有我最清楚他的委屈。」

勘災的政治學

首長不要擔心民眾或媒體的批評，反而應該讓大家了解並重視救災總指揮的職權和能力；如能以電話關切且提供資源，不妨礙救災進行，就是最好的協助了。

每當有天然災害發生，我們都可以從電視上看到政府官員親赴現場勘災的畫面。首長一出動，媒體也尾隨而至，他們在颱風天冒著生命危險工作的精神雖然令人欽佩，但這是不是一個正確的作法呢？

災情發生時，首長先不要到現場

歐晉德在公職生涯數十年，從事的都是工程相關工作，經常擔任救災總指揮的他說：「希望他們最好不要在災情發生的當下抵達現場勘災，因為那正是最緊急的時候。」他了解災難發生時，高階首長（總統、行政院長、部會首長）關切災情的心情。不過，救災分秒必爭，總指揮當下正忙於處理各種災情，如果長官前來視察，勢必得停下搶救工作，為首長做簡報，此舉無疑搶走救災的寶貴時間，而且首長帶來的隨扈和媒體，會迫使部分救災人員停下工作維護他們的安全，無形中增加救災的負擔，原本視察是一種關心卻變成了困擾。

「這幾年的勘災跟以前不太一樣。」歐晉德說，十年前，他在當國工局局長時，總統勘災前，高層會事先打通電話，問他在什麼地點勘災比較適合，而警衛一定會先到場勘查地形，規劃他們的動線、站的位置，並尊重指揮官的建議和調配，目的完全以「安全」為考慮，這在當時是非常重要的步驟。「但現在首長勘災則多了民眾和媒體的壓力，因為他們都希望這時候首長走到第一線，如果不出現表示不關心——這種勘災觀念需要導正。」

像納坦颱風水災發生時，當時的行政院長就到員山子分洪勘災，那時歐晉德就很疑惑，「為什麼要去呢？這對事情一點幫助都沒有啊！」結果那一次很多媒體冒著風雨隨行，不但中途因風強雨大而折返，甚至還造成一名記者喪生的悲劇。又如九二一大地震時，當時的總統李登輝到南投勘災，結果飛機一下降就把人「掃走」了，這些都是首長勘災造成的遺憾。

其實救災的實際進度由救災總指揮負責，首長勘災的功能顯得十分有限。但去不去並不代表關不關心；「以我擔任救災總指揮的人來說，我當時最希望得到的是行政體系及時提供的資源，讓救災順利進行。」所以他覺得首長不要擔心民眾或媒體的批評，反而應該趁機讓人家了解並重視救災總指揮的職權和能力，說明此時此刻不應妨礙救災進行，並表達已經電話關切且提供資源，這已經是最好的協助了。

災區是禁區，首長也不例外

當然，這不意味著首長不能勘災。歐晉德指出，首長勘災的好時機應該是災情緩和或穩定或接近尾聲時，那時指揮官比較能放心地為他們解說狀況。

一旦首長進入災區視察時，他認為應以「不妨礙救災進行」為主，並尊重前線的指揮官為宜。「災區是禁區，除非救災人員，否則都不能進去，包括首長。」這一點歐晉德很堅持。

他記得處理東星大樓時，很多首長過來關心災情，甚至想進災區，他都委婉拒絕，但他們人已經到了，歐晉德只好說：「可以到家屬區安慰他們。」這是首長們可以做到又不妨礙救災的方法。

另外，九二一大地震時，多明尼加的總統正在台灣訪問，想表達關切之意，當時外交部部長胡志強就帶他來，只見現場立刻湧進大批人馬，歐晉德馬上出面制止：「這是禁區，不准進入。」胡部長為了配合他的調度，馬上帶著外賓退到警戒區，並告訴隨行記者遵守規定，同時告訴歐晉德不必分心為他們做說明，「我非常謝謝胡志強的配合，這就是相互尊重的例子。」

胡志強離開東星大樓特地對歐晉德說：「你們這樣維持秩序的作法，是對的。」

不過，有些首長會忘記到訪的目的，不知不覺的就在現場下指導棋，這種「越權處理」反而不利於救災的進行。

他曾遇到某首長一到現場就忍不住大聲指責基層人員，還突發奇想的指示行動，這是不對的。「我可以理解他們的焦慮，但這會影響指揮官的信心，使得基層無所適從，不知道要聽誰的指令，而且現場出現兩種不同的命令會混亂原有的指揮系統。」他覺得最好的方法是高階首長把問題提出來與救災總指揮討論，由救災總指揮來執行，以維護行政體系的作業。

指揮官與媒體的互動，學問大

至於「媒體」部分，這也是救災總指揮必須關切的族群。救災總指揮官在現場與媒體的互動的確是一大學問。

歐晉德說，站在救災總指揮的角色，他願意跟媒體作充分的溝通，讓媒體有適當的採訪地點，而救災也能不受干擾的進行。他舉例，像九二一這麼繁忙的時候，他都幫媒體想好哪些角度適合取得畫面，提供良好且在管制線外的制高點當作攝影區，「我當時看中一棟大樓，我特地跟市政府同事講：『跟附近居民商量一下，讓攝影記者可以上樓拍照，同時注意他們的安全。』」

不過，媒體也是很難約束的一群工作者，「為了維護現場秩序，拉起『封鎖線』是可行的方法。」

「封鎖線」不但可以隔離閒雜人等，順勢理出一條「動線」，因為在災區，迅速將受災人員移出是最重要步驟，不論從裡面出來的人或從外面進去的救護車，「動線」必須很清楚，誰都不能阻擋；所以搬運傷患的動線禁止拍照和採訪，這是維護傷患安全所做的考量。

不過，媒體都有壓力，實際的狀況不如想像中的理想。部分媒體為了搶獨家，常逾越分際。

歐晉德舉例說，有一次，現場救出一位受難者家屬，生死未卜，這時馬上有一位攝影記者直接穿越封鎖線跑進去拍照，他立刻上前制止。因為這不但妨礙救災，嚴重的話可能影響別人的生命，如此一來，媒體本身也可能變成災難的來源。

有一名記者更絕，他穿著消防人員制服闖入東星大樓廢區內採訪，後來被識破，當時的新聞處處長金溥聰就嚴辭強調「絕不允許」——這是刑法罪，電視台才放棄。

還有一天，美國有線電視CNN在現場做連線專訪馬市長，事先說好馬市長站在封鎖線內，CNN記者站在封鎖線外，結果採訪進行一半，CNN記者順勢走進封鎖線，當時的新聞處處長金溥聰不顧CNN正做現場連線節目，馬上打斷，要求退出。節目結束後，CNN記者還道了歉。

封鎖線對媒體「一視同仁」，所以媒體不能侵犯封鎖線。只要違法者，他們一律要求離開。

歐晉德認為，既然建立封鎖線就得堅持下去，不能退讓，態度可以軟中帶硬，但就是不能退縮。找到孫啟峰、孫啟光兩兄弟時，馬英九在現場與兩兄弟談話，畫面很難得，曾有救難人員建議讓媒體進入拍攝這難得的畫面，金溥聰說，他猶豫了三秒，最後決定仍不准媒體進入。

此外，他希望建立資訊流通卻不妨礙救災的採訪環境，因為每次發言都有媒體蜂擁而至，造成災區短暫的亂象，後來新聞處在指揮所找一定點，定時向媒體簡報最新救災狀況，請馬英九、歐晉德、社會局局長陳皎眉等人舉行記者會，有時連怪手操作員也請到現場。後來這變成一種慣例：市政府團隊每天早上八點都有例行會議，討論當天的進度、救獲人數、死亡人數；新聞處每隔一到三小時都會召開記者會，提供現場消息給媒體。

媒體在救災時應扮演什麼角色？

至於媒體在救災時應該扮演怎麼樣的角色？

他認為媒體可以把自己當作救災團隊的一分子，他們是社會很重要的成員，但大部分的媒體都把自己當作站在旁邊觀火的人，要比民眾看更多的火而且製造火。

例如ＳＡＲＳ期間，媒體的推波助瀾就增加政府處理上不少的困難，使社會更加恐懼不安。還有，媒體將和平醫院封鎖的措施報導為把這些醫生和病人全部關在醫院裡面，導致社會對政府的不信任。他事後的檢討是，當時政府與媒體的溝通的確不足，但沒有人想要掩蓋事實，只是希望讓社會能安心的面對疫情，對ＳＡＲＳ有正確的認識，而媒體的責任應該是讓社會感到安心，讓被隔離的人不覺得自己被孤立。

他主張媒體應該忠實報導災情，若媒體危言聳聽，就變成政府這廂安定情緒，媒體那廂煽風點火了。從指揮官的角度，他希望媒體的角色是幫助民眾了解狀況，激發民眾的愛心，讓民眾看到報導可以了解事情的來龍去脈，找出問題的根源，解答民眾的疑惑。歐晉德說：「我希望媒體朝這個方向努力。」

採訪後記——

我採訪歐晉德期間，他的穿著幾乎都是襯衫配領帶，只有一次例外。

那一次他只穿一件簡單的夾克，神情有點憔悴；果不其然，一開口就咳個不停，我告訴他：「你生病囉，如果你身體不舒服，我們可以改期的。」他說：「沒關係，不要緊！」剛說幾個字卻又是一連串的咳嗽。

我決定改天再談：「你要多休息喔，多喝開水。」

離開時，我順口問了一句：「你怎麼病得這麼嚴重呢？」

他說，前天深夜，有市民打電話給他，希望他出來處理一件糾紛，他就出門了，回家時風很大，飄點雨，他衣服穿得少，「可能是這樣感冒了。」

「市民打電話給你？你認識的人嗎？」

「不認識！」

「他怎麼知道你的電話？」

「應該是從里長那裡問來的吧！」

我聽了好驚訝，一位普通的市民就可以打電話給副市長，還在三更半夜哩！

後來想了想，我不應該驚訝才是。因為之前我們談到納莉風災時，他也提到，有一晚，一位里長打電話來說：「北投的邊坡發生一些問題，看起來很嚴重，不知道會不會垮？你要不要過來看看？」他也是放下電話就這麼出門了……

看來，不僅市長不是人幹的，連副市長也不是人幹的！

從工作中注入預防危機的觀念

「原來從工作中注入『預防危機』的觀念，才能把可能出現的『狀況』徹底解除；我相信每個人都有相同的態度，一定可以有效地防止災害的發生。」

歐晉德像個傳教士，只要有機會出席公務員或工商企業的演講場合，總不忘宣導「預防危機」的重要性；就算幾個同事在一起開會討論事情，他也一再強調。很多人認為「預防危機」這種議題只有長官才碰得到，才需要處理，「其實不然，一般人就可以從工作中注入『預防危機』的觀念，這個態度現在就可以建立起來。」

他山之石，可以攻錯

他舉一個例子說：「有一年，我到日本考察機場調度，」那一次，負責接待他的是該公司的副總經理，官階非常高。「他帶我去一個地方參觀，路途中我們經過鐵道，那位副總經理停下腳步，用手指著前面、左邊、右邊，嘴巴喃喃自語地說：『沒有車、沒有車、沒有車！』確定都沒有車輛，才帶我過軌道。」同事們聽了哈哈大笑。

「你看，你們都笑了，很蠢，對不對？我當時也覺得啼笑皆非，心想，這日本人怎麼回事，左右轉個頭就知道沒車了，還煞有介事地用手指著，感覺好奇怪啊！」

一路的參觀行程他發現這位副總經理都是一板一眼的，每個看起來不起眼的步驟他都認真執行，「後來我才知道，原來這樣的動作才能把可能出現的『狀況』徹底解除。我相信每個人如果都能像他，工作絕對不會出事。」

「我再舉一個例子。」他從日本回來的隔年到了美國華盛頓特區訪問。

有一次搭公車，他看到駕駛座坐了兩個人，他很好奇，決定站在後面一探究竟。

原來坐在駕駛座的是位新手，坐在他旁邊的是前輩，他們正進行經驗傳承。當公車開到某路口正要轉彎時，那個前輩連說三次「No, No, No!」，要求那位新駕駛把頭探出去——左看右看，確定沒有車，才繼續開車。

禁不住好奇心的驅使，歐晉德上前詢問那位「前輩」為什麼要這樣。他說，這個路口是最常發生車禍的地方，所以一定要特別小心。

他也相信每個駕駛的工作態度若像那個「前輩」，一定可以有效地防止車禍的發生。

以法規預防災害，減少生命財產的損失

馬英九上任後警覺車禍帶來的危機，要求市政府從制訂「法規」著手預防。

他記得剛到市政府服務之前，每一年台北市公車因肇事賠償的金額大約為七千萬，預防車禍發生成了市政府的施政重點之一。當時的交通局局長曹壽民就提出「車速不得超過四十」的方案，希望藉此降低車禍的發生。實施一年之後，情況明顯改善——因公車肇事的賠償金額一下減為一千多萬、因公車肇事的民事賠償金額則從每月三百四十萬減為八十六點三萬、民眾申訴案也從一九九九年的七千九百七十七件減

少為二〇〇〇年的三千三百零三件（減少百分之五十八點五九）、有責肇事率（因駕駛不當）也降低百分之三十七點五九……從這些數字看來，不但車禍明顯減少，賠償金也減少了，更重要的是，挽救了許多家庭的幸福。

馬市長上任隔年以積極的修法方式取締「酒醉駕車」，同年五月將「酒醉駕車」列入公共危險之後，根據台北市政府的資料顯示，馬市長上任前四年比陳水扁擔任市長時代平均每年發生的車禍減少七十一點七五件、受傷人數減少五十四點七五人、死亡人數減少五十三點五人。

此外，台北市政府大力提倡「開車不喝酒，酒後不開車」也達到意想不到的效果。尤其在尾牙和過年期間，飲酒和醉酒機會較平日增多，政府則在這段期間特別加強宣導酒後不開車，並呼籲駕駛人酒後可改搭計程車或由沒喝酒的同行人駕車，以免發生事故，或因此付出昂貴的代價；同時台北市的重要交通要道，近年來都設有酒精檢測，以防止酒後開車發生車禍。「別以為這只是一個口號。」事實上，從市政府的資料顯示，車禍的確減少。

另外，歐晉德認為，危機預防的成效，與縣市首長的「觀念」息息相關。

他說，馬市長上任前，台北市的警政績效是以「破案率」作為升遷考核依據，但那些都是重大刑案發生後，搶了錢、死了人才處理的，而且過去曾爆發警方為求績效吃案的弊端，令民眾十分反感。

馬市長上任之後，把警政改革重點從「危機處理」改為「危機預防」，強調每個警政單位犯罪預防的重要性，因此加強巡邏與臨檢等勤務。人民保姆的主動出擊，也使犯罪率明顯減少，可見預防工作確實有成效。

提出「呼籲」，遏止災害發生

政府首長適時提出「呼籲」的確是一種「簡單」預防危機的好方法。

例如，颱風來臨前，為了避免強風豪雨可能造成的災害，政府透過媒體呼籲全民提高警覺，做好防颱準備；又如夏季，提醒民眾嚴防各類病毒的感染；還有暑假，小朋友可能到河邊戲水或池邊游泳，呼籲家長陪同或注意安全；甚至詐騙集團假借其他單位之名向民眾詐財，政府也提出呼籲，避免民眾受騙上當。歐晉德說：「政府提出呼籲，就是為人民增添一份保障。」

歐晉德擔任台北市副市長五年多，他覺得市政府做得最成功的一次「呼籲」是二〇〇二年三月，台北市發生乾旱前所提出的「節約用水」。

很多人可能不知道，台灣是聯合國公布全世界十八個缺水危機的地區之一。台灣的地質處於青少年的成長期，河川短、水源保護區的蓄水力弱，因此市政府對於先天不良的地質有憂患意識。

二〇〇二年二月初，桃竹苗地區首先因缺水拉警報，「我們就開始注意這個問題」；二月底的市政會議上，翡翠水庫管理局提出一份「曲線圖」，顯示台北市即將面臨旱象危機，馬市長立刻警覺即將面臨「缺水」的嚴重性，在聽取簡報後，向台北市市市民提出「節約用水」的呼籲。

馬市長提出呼籲後，很快的，就在隔天，省水績效立竿見影。台北市每天用水量為三百三十萬噸，一下子縮減為三百萬噸，平均每天減少百分之十；兩個多月後，台北市政府才開始實施限水，這讓市民有充分的心理準備，不會覺得限水是突然之舉。而政府執行分區用水時，用水量一度減到兩百四十七萬噸；等到解除限水恢復一般用水之後，台北市每天的用水量，從來沒有回到原先的三百三十萬噸；這表示市民已經養成「節省資源」的好習慣，也表示省水措施確實發揮效果。

那一次的旱災，讓他看到台北市市民的素養，也讓他看到台北市市民的可愛。他說，在抗旱期間曾陪馬市長到處視察，有一位媽媽看到他們就過來說：「馬市長，我們很配合你的政策喔，我們家的抽水馬桶用六次才沖一次。」同行的歐晉德說：「這……這也稍微過分了一點，會臭的。」

其實這場抗旱，市政府首長也以身作則。歐晉德說，有一次，馬英九告訴他：「我家沖馬桶的水都是洗澡水存的。」歐晉德說他家也差不多，家人把平常「零碎」的水存起來，用於沖馬桶、澆花，讓水重複使用。

確實的演習，增添一份保障

「定期演習」則是大家最耳熟能詳的「預防災害」方法，它的目的在讓一般民眾了解，一旦災害發生，政府的救災處理程序如何，也讓民眾知道該如何自救，達到預防災害的目的。

曾經有人用質疑的口氣問歐晉德：「定期演習到底有沒有效？感覺好像市政府在

做做樣子而已！」其實不然，歐晉德舉例說，在九二一當天，東星大樓倒塌現場，通訊異常，對外通訊幾乎中斷。

第二天，電信局的人就來到現場，找到消防局第三大隊的大隊長陳崇岳：「陳大隊長，我來幫你們裝電話，我裝兩支，你可以打長途的也可以打室內的，請問要裝在哪裡？」陳崇岳立刻回答：「醫療站幫忙裝一支，指揮所也幫忙裝一支。」事後陳崇岳覺得不對勁，他並不認識電信局的這個人，於是反問他：「你怎麼知道我的？」他說：「演習的時候認你當指揮官，所以就認識啦！」

歐晉德說：「定期演習的意義在於累積無形的資產，認識一些相關的伙伴，像是藉機認識當地的區長，讓區長也認識消防局的同仁，當事故發生時，就知道該找誰，整個支援系統自動產生作用。」

歐晉德再舉一個例子，七二九大停電那天，很多市民看到發電機冒煙以為火警，猛撥一一九，讓消防人員疲於奔命。後來消防局針對大停電辦了一次演習，很多大樓因此開始保養地下室的發電機，因此九二一地震時很多大樓的供電系統都不成問題，民眾撥打一一九時，消防人員有經驗了，就直接安撫市民，別緊張，那不是火警，應該是發電機的問題，省了很多出動消防車的次數。

這些都是「定期演習」的成績單。

台北市處理大型危機可以得到較多的肯定，跟「定期演習」有很大的關係。

採訪後記——

我在採訪歐晉德期間，聽過他好幾場演講，台鐵的、捷運局的、台大的……每一次的演說他都不斷的重複「危機預防勝於危機處理」的概念。

有一次演講結束，我們聊他演講的表現時，他提到另一個重點：「其實還有一種預防措施叫『危機控管』，就是為了預防危機擴大，在事件進行中先著手善後，讓損失降到最低。」

他說，以前在亞新工程顧問公司擔任副總經理時，某一主管曾向他提出一份計畫。這主管學歷高，工作認真，對自己的能力十分有自信，唯一的弱點是經驗稍不足。

歐晉德一看那份計畫直覺不妥，也認為不可行，但這主管仍堅持己見；為了不當面與他起衝突，也為了給他機會，歐晉德當下尊重他的作法，但私下卻開始進行「善後」處理。

經過半個月，該主管的計畫果然失敗，他向歐晉德表達深深的歉意，同時帶了一份「辭職信」以示負責。歐晉德說：「公司賠了幾十萬讓你學一個經驗，這是公司送給你的『學費』，你應該繼續做下去才對！」至於公司的虧損，由於事前做了「危機控管」，所以並不嚴重。

歐晉德事後說，對於類似的事件，他都秉持著「容許犯錯，但不漠視錯誤」的原則：「但千萬別誤會，這不是『獎勵錯誤』，而是拿錯誤當借鏡，效果會更好。」

從這件事情的結局來看，對公司、對這位主管，都有深遠的意義。

好的態度，使危機變轉機

歐晉德首開中央部會首長「降職減薪」轉任地方副首長的先例，但他毫無怨言。「這就是我的工作態度，只要有心做，就一定做得到。」

歐晉德有很多機會到各處演講，「危機處理」一直是主題，重點除了談專業知識、團隊合作之外，不外乎就是「態度」，而他在處理事情時，常因表現出好的工作態度而讓危機變成轉機。

讓冷冰冰的圍籬，產生感情

例如，施工時蓋的「圍籬」。

一般人對住家附近有「圍籬」是反感的，這表示周圍正在施工，將造成很多生活上的不便；而歐晉德也發現，台灣的「圍籬」常出現「危險工地，請勿靠近」的「警告性」標示，間接造成工程與居民間的隔閡。

但他二十幾年前在新加坡工作看到的「圍籬」卻不是如此。那些圍籬很漂亮，上面畫了很多圖案，有些還開個小窗戶，讓路過的民眾可以打開它一探究竟，會因「喔，原來這裡蓋這些東西啊！」而發出微妙的讚嘆！

有一年，台北市正設計鐵路地下化，他就思考：如何在這兩、三年的施工期間，一方面把交通維持好，另一方面跟附近居民互動？

於是他在「交通計畫書」中明確說明施工期間，車子該怎麼改道，從工地出來的人或車該如何清洗才不會汙染市容，如何讓冷冰冰的圍籬增添功能……「那時我腦海閃過馬克吐溫的童話故事《湯姆歷險記》。」

湯姆是個調皮的孩子。有一天，姨媽叫他漆圍牆，他想偷懶，就說服其他小朋友相信那是一面很特別的牆壁，不是一般人可以刷得到的。這個「假設」性的前提反而引起其他小朋友的好奇，大夥躍躍欲試。湯姆逮住機會，要求凡是想刷圍牆的小朋友，得付出一些代價才行：有人給他蘋果、有人給他玩具、有人給他糖吃……很快的，村裡孩子的東西都變成了湯姆的財產，而且順利幫他完成刷牆壁的任務。

歐晉德從這故事得到一些靈感：何不趁機邀請附近的小朋友到圍籬上畫畫？畫些樹木、花朵、白雲、動物等等，多一些輕鬆的畫面，畫完後，送他們小禮物，家長一定樂於告訴別人，圍籬上哪些畫是家裡寶貝的傑作。這麼一來，工地變成受歡迎的鄰居，直接拉近與民眾之間的距離，大家還可以一起關心工程進度呢！

他愈想愈覺得可行。

有一次，營造商找他演講，結束前，他說：「請給我十分鐘時間，我想談一下『圍籬』。」因為聽眾大部分是建築界的老闆。

他舉前面的例子說，如果在圍籬上讓小朋友作畫，居民一定覺得賞心悅目，下雨天走在篷下也別有一番詩情畫意，而且可以建立社會形象，大家為什麼不試試？

演講完畢後，某家建築公司的老闆打電話給他：「我覺得你講得很有道理，我們也想把圍籬弄成你講的那樣，你可不可以找人過來幫忙？」他馬上答應。

有一天他看報紙，居然看到火車站前新光三越施工的圍籬出現一幅這樣的畫面：有幾個人在牆上畫樹，樹下有小朋友跳舞。報紙寫道：「台北市第一次有這麼漂亮的施工圍籬。」他一看出糗了，打電話給那家公司：「哈哈，我跟你們講，叫湯姆畫圖，結果你們卻畫了湯姆！」儘管如此，卻意外達到了效果。

後來，陸陸續續有其他工地在圍籬上運用巧思，例如在車站的工地掛上巨幅現代化交通海報、在碼頭邊掛上大幅巨輪海報，以象徵意義的照片及圖案修飾施工圍籬，美化市容，展現另一種風貌。

「這就是社會的進步。」歐晉德說。

另外，如何在施工中不影響居民生活他也有自己的看法和見解。在當國工局局長時，他就直接下令，所有工地一律加設一個「水池」，沖刷進出車輛的輪胎、車身還有施工者的雙腳，而且每天要有人沖洗馬路，維持原有的乾淨。

他記得第一次把這個概念告訴同事時，「你猜，他們的反應是什麼？」他聽到一位同事說：「我們局長說要這樣做，你們就照著辦吧，他是學者出身的，你知道學者喜歡搞一些不切實際的東西，你們隨便弄一個『水池』給他，應付應付就好。」那時他們在工地臨時改造的辦公室辦公，隔音效果不好，這位同事講的每一句話歐晉德都聽得一清二楚。

他乾笑兩聲，「老實說，我覺得這是正常的反應啊！」因為合約已經定了，做「水池」是額外的要求，需要多花一點錢，而且當時還沒有人這麼做。他就打一通電話給以前的老東家榮工處，「給我一個面子，拜託，幫忙做一個『水池』，你做好以後，我帶人來看。」對方當場是答應了，但心裡還是嘀咕，「哪有工地這樣做的？還洗車哩！」

榮工處的「水池」做完後，歐晉德履行承諾，帶著交通部次長和一批媒體參觀工地的「洗車設備」，果然引起轟動；他們很驚訝車子出來要清洗一番哩，記者還拍照，表示工地已經開始注意維持環境整潔——這在當時可是一件新聞喔！

可是，十幾年後的今天，哪個從工地出來的人和車敢不洗乾淨的？但在十幾年前，這可是「革命性」的作法呢！「現在，如果我請記者到工地看『洗車』，豈不是笑話一樁？」

當時有同事問他，不就是一件工程而已嘛！為什麼要這麼費心呢？

他說：「這就是我的工作態度，只要有心做，就一定做得到。」

掀頭皮事件，應先道歉

態度有多重要？歐晉德再舉前幾年備受矚目的「捷運掀頭皮」事件。

當時歐晉德已經離開了台北市政府，但依然很多人問他：「如果你是捷運公司的人，或者還擔任副市長，會怎麼處理？」他說：「我會在第一時間主動到醫院慰問頭皮被掀開的市民，讓對方感受到誠意，同時緩和傷者不滿的情緒和受傷的心靈，順道詢問當時的情況。我在表達歉意時，會懇求他們給我一些時間查明真相，而不是在第一時間調閱『錄影帶』，辯解捷運系統有無疏失等問題。」

他的理由很簡單：「假設，別家的孩子不小心在你家浴室跌傷了，做家長的你，不是應該主動登門慰問嗎？難道會在第一時間請專家研究浴室裡的瓷磚滑不滑等專業問題？」

歐晉德認為，釐清責任，需要一段時間；但付出關懷，卻可以馬上行動，而且產生立竿見影的效果。

他認為市政府團隊做事一向「重法講理」、「依法行事」，這原本是優點，但太凸顯這部分容易忽略民眾的感受。一般民眾對「法」並不熟悉，「法則」應該是平心靜氣的時候提出來談；如果發生事情的第一時間就提出「法則」，容易造成政府與民眾之間的對立。

他覺得捷運公司一開始在處理這件事的「態度」是讓家屬反感的，整件事才會像滾雪球般愈滾愈大；即使最後捷運公司真的沒有法律上的問題，形象上也已經嚴重受損了。

降職減薪，為了多學點東西

在工作上，歐晉德對於危機處理可以侃侃而談；而運用到自己的人生，可一點也不含糊。他職場生涯多次轉換跑道都是異於一般人的「降職減薪」，在別人眼裡的「危機」在他心裡卻是「轉機」。

一九七三年歐晉德從美國回到台灣中華顧問公司，薪水從兩千美金（八萬台幣）降到九千台幣；一九八七年，他毅然決然離開任職十一年的亞新工程顧問公司到榮工處時，職位從副總經理降至總工程師，薪水縮減了三分之一。很多人訝異地問：「為什麼可以接受一份比原來少這麼多的薪水，特別是在家裡最需要錢的時候？」他說：「人家給你一個機會，讓你學東西，不要你繳學費，還有薪水領，何樂而不為？如果因此學到更多的學問，很值得啊！」他當時還誇下海口，「我要給自己一個到工地和工人一起做事的機會，好！我決定幹這種事！」說得豪氣干雲，那年他四十三歲。

兩年後，他從榮工處總工程師再度「降職減薪」擔任南宜快速公路籌備處處長，同一年再度「降職減薪」到交通部擔任國工局局長。由於從來沒有當過公務員，他的銓敘資格是最低的，當局長的薪水已經不能跟私人單位相提並論了。

一路走來，「降職減薪」似乎成了他的宿命。不過歐晉德看得很淡泊，他認為工作的興趣和內涵應高於一切，甚至應該高於待遇，因此對於一般人認為的劣勢，他總是正向樂觀看待。

他以國工局為例，當時局裡面臨許多困境，同仁士氣受挫，但他們聽說有個長官要來接，這長官學問好、聲望高、是降職減薪來的，感覺是委屈他了，所以工作時大家相處得很融洽，向心力很強，很多難題居然迎刃而解，反而為他創造另一個工作「優勢」。

歐晉德在國工局的作風積極強勢。他將活潑朝氣帶入公務單位，除了在工程上陸續引進新工法外，也建立國工局電腦化系統，讓所有重大工程的進度、徵地狀況透過電腦完全掌控，工作效率之高令人刮目相看。

那時的國工局是大學甲組畢業生的第一志願，歐晉德毫不保留的把過去所有的經驗和技術傾囊相授。曾經一位年輕的工程師深受感動，疑惑地問：「為什麼你這麼慷慨，一點都不藏私？」

歐晉德回答得感性：「我剛出社會時什麼都不懂，但有人願意教；我現在擁有的東西都是『白白』得來的，所以也應該『白白』的給出去。」他告訴局裡的年輕人，「做工程像練武術，每個人都期待把自己的武功提升到最純熟的階段，那個最高點就是為人類服務，所以，工程的目的不是為工程，更不可能謀求個人職務，而是改善人類的環境。我們透過工程在各細節中穿梭，跟不同的人合作，最後為人類提供一個好的生活品質，就是做工程的最高境界了。」

歐晉德最近一個公職是「台北市副市長」，從行政院公共工程委員會主委到台北市副市長，他首開中央部會首長「降職減薪」轉任地方副首長的先例，但歐晉德毫無怨言。對於一個想做事的人來說，名位不算重要，要緊的是能有一個盡情揮灑的舞台，奉獻所學。所以他淡淡的說：「我覺得當公務員就是一種任務和使命，不再是薪資的問題；每個公務員應該都懂這道理了。」

當然，職務或薪資的高低從來不能決定一個人是否成功卓越，但在職務上的表現卻可以決定個人的價值和地位。

採訪後記——

歐晉德跟我談「態度」之後，我上網找相關的資料，意外發現一篇討論〈知識、努力、態度三者哪一個比較重要？〉的文章。該文用一個很有趣的算術，將英文字母A到Z，分別編上1到26的分數，計算出來的結果如下：

知識（Knowledge）＝（11＋14＋15＋23＋12＋5＋4＋7＋5）96分

努力（Hardwork）＝（8＋1＋18＋4＋23＋15＋18＋11）98分

態度（Attitude）＝（1＋20＋20＋9＋20＋21＋4＋5）100分

結論是，你即使擁有非常好的知識，只能得96分；你非常努力工作也只有98分；但如果你有非常好的態度，就可以得滿分。

他很訝異這些字母和數字隱藏著如此深奧的學問，雖然它不是真理，卻巧妙的點出「態度」是處理任何事情最重要的關鍵，「只有態度好才能得到滿分，這個觀念值得宣傳。」他說。

後記

當你拿著電視遙控器，漫無目的地瀏覽各節新聞時，可曾知道，哪個人、哪句話、哪個表情、哪個動作……曾經悄悄地植入你的腦海裡？直到有一天，它從記憶中跳出來？

這本書的起源來自一個龐大的影像記憶。

那是一個燠熱午後，太陽火辣辣的，一場盲棒總冠軍賽在大漢橋下激烈廝殺。大漢橋的幅員遼闊，一邊闢成腳踏車專區，一邊爲綠地，後面是青青水草；他，從中間的草地裡走出來，一臉燦爛，在工作人員的引領下，穿梭於兩隊休息室之間。

突然的，我眼前好像有個螢幕，自動播放九二一大地震的現場情節，一幕接著一幕：他鑽進倒塌的大樓、他指揮民眾逃離現場、他搭乘吊車救出孫氏兄弟、他流著眼淚以幾近懺悔的語調對家屬致歉……他的身影在空曠的場地，感覺如此單薄卻又如此巨大。

站在我旁邊的盲棒教練完全不清楚我腦海進行著一場「影像回顧展」。他推推我，略帶促狹的問：「ㄟ，你看這人，豔陽高照的，又沒有媒體，看他能待多久？」結果，他在現場待了近兩個小時，幾乎跟所有的人打過一次照面，包括我們，直到閉幕爲止——眼前的畫面和我的記憶，幾乎重疊。

第二次碰面是在「導盲犬」的記者會上。那天他提早到，跟幾位擁有導盲犬的視障朋友閒話家常，視障朋友對他的聲音感到陌生，其中一位竟問：「你是誰？」主辦單位覺得好失禮，怎麼這樣問「貴賓」呢？但他毫不介意，哈哈大笑，那樣子眞的是笑翻了，他煞有其事的自我介紹——「我是台北市的副市長歐晉德，今天代替馬市長出席這場記者會……」

這兩次見面，我們說話的時間加起來不超過三分鐘，但他卻成爲我看新聞時，唯一認識的政府官員。

這一點點「認識」，使得我聽到他離開市政府的消息後，輾轉難眠。那幾天，我都以電視遙控器搜尋他的動態。有一則新聞說：「我兒子說，老爸，你這幾年的救災應該寫成一本書，我說，好啊，你來寫！」

很巧，那一陣子他的小兒子歐立偉因網站製作小紅了一下，我循著網址寫了一封E-mail詢問：「可以把寫書的機會讓給我嗎？」

他答應了，歐晉德也答應了，後來我才知道，歐晉德答應的背後還有段小插曲。

原來，某家大出版社也來「搶生意」，該負責人是他長達三十多年的朋友，若是一般人一定會勸退沒沒無聞且沒有交情的我，但歐晉德卻回他說：「已經有人寫了，你們慢了幾天了。」

在他心中，所有的人都一樣，都應該被平等對待，光這一點就讓人對他刮目相看。

我的採訪都在歐晉德的辦公室進行。除了談主題「救災」之外，我們也提別的，他還回憶幾件舊事。

他以前住通化街，巷口石頭店的老闆常邀鄰居在門口喝茶聊天，他偶爾也帶幾瓶酒過去喝。

有一天，石頭店的老闆像發現新大陸似的說：「歐仔，歐仔，我昨天在電視上看到一個『做路』的人，哇，跟你長得好像喔！很巧，人家也姓『歐』喲！」那時他是國工局局長，後來鄰居才知道「歐仔」是個鼎鼎大名的人物呢！

還有一次，他到李元簇副總統辦公室談事情，他們要看一張圖，但四周沒有適合擺圖的位置，他索性攤在地上，兩個人就坐在地板上討論起來，這時，祕書端水進來，嚇了一跳，一時之間，竟不知道該把茶水放在哪裡。

他還喜歡談小人物的故事。

那個在九二一當天，找出東星大樓結構圖給他的駕駛；那位冒著生命危險鑽進搖搖欲墜的大樓裡搶救男孩的醫生；他還喜歡談消防隊員救災背後動人的故事……由於這些人都不是重要的新聞人物，所以我得花許多時間尋找資料。儘管過程辛苦，但我樂此不疲。

採訪期間，馬市長和台北市政府的同事都曾打電話進來打斷我們的訪談。我印象很深的是一位市政府首長打來問事情，那通電話他們的問答不到一分鐘。就在掛電話前，歐晉德親切的叫了他的名字，「我前天看了報紙，說你會有異動，我希望那消息不是眞的……」電話彼端好像說那是錯誤訊息，歐晉德馬上說：「那好那好，我就放心了。卸任後，我經常到各里鄰走動，聽到很多人對你的肯定和讚美，你一定要加油喔，我也會找機會跟市長說……」

在連續發生捷運掀頭皮和邱小妹妹事件後，他一度擔心馬英九挺不過去，私下託人幫忙，他還爲馬叫屈，認爲輿論對馬不公平。

他的熱心和誠懇表現得非常自然，這使我忍不住問：「你爲什麼可以無怨無悔的對人這麼好？」

他停頓了一會兒，從口袋拿出錢包，挑出一張破舊不堪的小卡片，像寶貝似的用手掌撫平它，「我一有空就拿出來朗讀，以便提醒自己確實遵守。」原來上面印的就是著名的「聖方濟和平禱詞」。他唸了其中的幾句：「在滿是憎恨的地方，我要播下愛心的種子；在滿是黑暗的地方，我要播下光明的種子；在滿是憂苦的地方，我要播下喜樂的種子……，願我不企求他人諒解，只求諒解他人；不企求他人撫愛，只求撫愛他人……」我認爲，是這份宗教情懷，塑造他與眾不同的人格特質。

就在採訪接近尾聲時，歐晉德的父親往生了。

再次見面，他左手戴孝，鬍子沒刮，一下子變得蒼老。

「人生就是這樣，有很多不捨啊！我以前很讓他操心，返國後想好好陪他，卻忙於公務……」他說的每一字，都帶著很深很深的感情。

歐晉德一向事親至孝，晨昏定省，住在樓上的父親也養成等他回家才能安心入睡的習慣；如果因應酬拖晚了，他必定惴惴不安……然而，他卻永遠的走了。

他父親後期的狀況是一般人說的植物人。他每次探病都在父親耳邊說一些事，母親勸他：「別說了，他已經聽不見了。」歐晉德不信，聽說人的器官即便失去功能，但聽覺仍在。有一天，他就在父親耳邊唱幾首他最愛聽的黃梅調，唱著唱著，護士驚喜的說：「血壓上升了，血壓上升了……」

他說得入神，我卻聽得淚眼模糊。

離開他辦公室後，我漫無目的地走在台北街頭，想藉不斷地行走稀釋情緒。走著走著，我突生一種新的感覺：這原本是一本記錄救災的書，卻間接記錄了歐晉德的人生故事；篇幅雖短，卻很精采。

國家圖書館預行編目資料

重返危機現場 ： 愛是行動 / 陳芸英著. --
初版. -- 臺北市 ： 寶瓶文化, 2007.
12
面 ； 公分. -- (Vision ; 70)
ISBN 978-986-6745-13-3(平裝)
1. 公共行政 2. 危機管理 3. 臺北市

575.33/101 96021829

Vision 070

重返危機現場——愛是行動

歐晉德授權
作者／陳芸英

發行人／張寶琴
社長兼總編輯／朱亞君
主編／張純玲
編輯／羅時清
外文主編／簡伊玲
美術主編／林慧雯
校對／羅時清・陳佩伶・余素維・陳芸英
企劃主任／蘇靜玲
業務經理／盧金城
財務主任／歐素琪　業務助理／林裕翔
出版者／寶瓶文化事業有限公司
地址／台北市110信義區基隆路一段180號8樓
電話／(02)27463955　傳真／(02)27495072
郵政劃撥／19446403　寶瓶文化事業有限公司
印刷廠／世和印製企業有限公司
總經銷／聯經出版事業公司
地址／台北縣汐止市大同路一段367號三樓　電話／(02)26422629
E-mail／aquarius@udngroup.com

法律顧問／理律法律事務所陳長文律師、蔣大中律師
如有破損或裝訂錯誤，請寄回本公司更換
著作完成日期／二〇〇七年十月
初版一刷日期／二〇〇七年十二月
初版二刷日期／二〇〇七年十二月四日
ISBN／978-986-6745-13-3
定價／二八〇元

寶瓶文化事業有限公司　收
110 台北市信義區基隆路一段 180 號 8 樓
8F,180 KEELUNG RD.,SEC.1,
TAIPEI.(110)TAIWAN R.O.C.

（請沿虛線對折後寄回，謝謝）

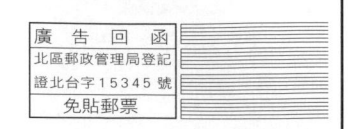